MOHNISH PABRAI

DER DHANDHO-INVESTOR

Mit der Low-Risk-Value-Methode des kontinuierlich erfolgreichsten indischen Investors hohe Renditen erzielen

Der DHANDHO INVESTOR

Mit der Low-Risk-Value-Methode des kontinuierlich erfolgreichsten indischen Investors hohe Renditen erzielen

FBV

MOHNISH PABRAI

Bibliografische Information der Deutschen Nationalbibliothek
Die Deutsche Nationalbibliothek verzeichnet diese Publikation in der Deutschen Nationalbibliografie. Detaillierte bibliografische Daten sind im Internet über http://dnb.d-nb.de abrufbar.

Für Fragen und Anregungen
info@finanzbuchverlag.de

1. Auflage 2023

Türkenstraße 89
80799 München
Tel.: 089 651285-0
Fax: 089 652096

Wichtiger Hinweis
Die im Buch veröffentlichten Ratschläge wurden von Verfasser und Verlag sorgfältig erarbeitet und geprüft. Eine Garantie kann dennoch nicht übernommen werden. Ebenso ist die Haftung des Verfassers beziehungsweise des Verlages und seiner Beauftragten für Personen-, Sach- und Vermögensschäden ausgeschlossen.

Übersetzung: Maria Bühler
Korrektorat: Rainer Weber
Umschlaggestaltung: Marc-Torben Fischer in Anlehnung an das Original von Michael Freeland
Umschlagabbildung: © Jan Butchofsky/Getty Images
Satz: Ortrud Müller, Die Buchmacher, Köln
Druck: GGP Media GmbH, Pößneck
Printed in Germany

ISBN Print 978-3-95972-666-5
ISBN E-Book (PDF) 978-3-98609-281-8
ISBN E-Book (EPUB, Mobi) 978-3-98609-282-5

Inhalt

Für meine drei Gurus:
Warren Buffett, Charlie Munger
und Om Pabrai

Danksagung

IN DEM VORLIEGENDEN BUCH, *Der Dhandho-Investor*, sind Gedanken und Ideen zusammengefasst, auf die ich bei meiner Lektüre, im Zusammensein mit meinen Freunden und bei vielen anderen Gelegenheiten gestoßen bin. Ich selbst entwickle eigentlich nur wenig eigene Konzepte. So gut wie alles, was in diesem Buch enthalten ist, geht also auf andere Menschen zurück.

Ohne Warren Buffett gäbe es auch keinen Pabrai Funds und ganz gewiss nicht dieses Buch. Der Einfluss, den Warren Buffett und Charlie Munger auf mich ausübten, kann gar nicht genug betont werden. Auf die ein oder andere Weise haben sie praktisch jede Seite dieses Buches geprägt. Ich werde immer in ihrer Schuld stehen, weil sie mich über Jahrzehnte selbstlos an ihrer unschätzbaren Weisheit teilhaben ließen. Danke, Warren und Charlie.

Meinem lieben Freund Pat Fitzgerald und seiner Tochter Michelle danke ich für ihren Vorschlag, dieses Buch zu schreiben. Es war kein Vorhaben, das von Anfang an auf meiner To-do-Liste stand. Ich weiß ihre Hartnäckigkeit und ihre Ermutigung zu schätzen. Michelle hat sich sehr stark persönlich für dieses Projekt interessiert und ich bin ihr für all ihre Bemühungen dankbar. Meiner Herausgeberin bei Wiley, Debra Englander, möchte ich für ihre vielen hervorragenden Vorschläge danken. Es war mir ein großes Vergnügen, mit den Mitarbeiterinnen und Mitarbeitern von Wiley zusammenzuarbeiten, einschließlich Greg Friedman und Christina Verigan.

Meine Kolleginnen und Kollegen bei der Young Presidents' Organization (YPO) begleiteten mich auf jedem Schritt meines Weges. Mein Dank gilt Terry Adams, Andy Graham, Dave House, Michael Maas, Mark Moses, Jay Reid und Ryan Rieches. In den vergangenen neun Jahren bereicherte die YPO mein Leben ungemein. Ohne meine Mitgliedschaft bei der YPO würde es wahrscheinlich weder den Pabrai Funds noch dieses Buch geben. Es ist so gut wie unmöglich, mehr zu geben, als man von der YPO bekommt. Ich werde dieser erstaunlichen Organisation immer zu Dank verpflichtet sein.

Den Begriff »Dhandho« hörte ich zum ersten Mal aus dem Munde von Ajay Desai, meinem Zimmergenossen am College. Wir verloren uns für etwa ein Jahrzehnt aus den Augen und freuten uns beide sehr, als wir uns wieder trafen und unsere anregenden Dhandho-Gespräche wieder aufnehmen konnten. Danke, Ajay.

Meine wunderbare Büromanagerin bei Pabrai Funds, Isabelle Secor, und Marybeth Nagy von Source4 leisteten hervorragende Arbeit beim Lektorat des Manuskripts. Danke, Marybeth und Isabelle. Mein Dank gilt auch Whitney Tilson für all ihre Verbesserungsvorschläge. Mein Freund Shai Dardashti bestärkte mich darin, die so wichtigen Bemerkungen über das Zurückgeben in das Buch aufzunehmen. Danke, Shai. Mein guter Freund und Nachbar Samir Doshi machte mich mit Manilal Chaudhuri bekannt und ermöglichte so das Gespräch mit Manilal. Schließlich gebührt auch Manilal Dank dafür, dass er sich in seinem vielbeschäftigten Alltag Zeit für unser Treffen und unser Gespräch genommen hat.

Meine Töchter Monsoon und Momachie waren von Anfang an begeistert von meinem Plan, ein Buch zu schreiben. Während ich daran arbeitete, hatte ich sie und ihre künftigen Kinder und Enkelkinder im Kopf. Der Gedanke, dass eines Tages einer meiner Urenkel ein verstaubtes Exemplar von *Der Dhandho-Investor* aus dem Regal ziehen und es lesen könnte, bereitet mir großes Vergnügen. Ich werde das wahrscheinlich nicht mehr erleben, aber allein der Gedanke daran hat mich – mehr als alles andere – jeden Tag von Neuem motiviert.

Mein verstorbener Vater Om Pabrai begann mir bereits im Kindesalter unschätzbar wertvolle Dhandho-Lektionen zu erteilen. Und er hörte nie auf damit. Ich hatte praktisch schon einen MBA in der Tasche, bevor ich auf das College ging. Ich wende seine Lektionen täglich an. Danke, Papa. Ich vermisse dich. Auch die Überschlagsrechnungen meiner Mutter sind mir immer noch nützlich, wenn ich ein Unternehmen schnell analysieren will.

Meine beste Freundin und Ehefrau, Harina Kapoor, hat all meine Unterfangen immer rückhaltlos unterstützt. Sie las das Manuskript als Erste. Danke, Janaam. Ich liebe dich mehr, als du je wissen wirst. Das Leben ist eine Reise und die Reise ist das Ziel. Unzählige Menschen haben diese Reise zu einem fantastischen Abenteuer für mich gemacht. Jedem Einzelnen von ihnen schulde ich meinen Dank.

Kapitel 1

Geschäfte ohne Risiko:

Die Dhandho-Philosophie für Motelbetreiber

Etwa ein Prozent der Bevölkerung der Vereinigten Staaten ist indischer Herkunft. Das sind rund drei Millionen Menschen. Von diesen drei Millionen stammt ein relativ geringer Teil aus dem indischen Bundesstaat Gujarat, dem Geburtsort Mahatma Gandhis. Eine noch viel kleinere Gruppe der Gujaratis, die Patels, kommt aus einem winzigen Gebiet in Süd-Gujarat. Somit ist weniger als jeder fünfhundertste Amerikaner ein Patel. Umso erstaunlicher ist es, dass über die Hälfte aller Motels im *gesamten Land* den Patels gehören und von ihnen geführt werden. Noch bemerkenswerter: Vor nur 35 Jahren gab es praktisch keine Patels in den Vereinigten Staaten. Sie kamen erst Anfang der 70er-Jahre als Flüchtlinge ins Land, ohne Bildung und ohne Vermögen. Ihr gebrochenes Englisch verbesserte ihre Ausgangsposition nicht gerade. Doch trotz dieser äußerst schwierigen Anfänge schafften die Patels einen kometenhaften Aufstieg. Sie besitzen heute in den Vereinigten Staaten Motels im Wert von über 40 Milliarden Dollar, bezahlen über 725 Millionen Dollar Steuern jährlich und beschäftigen fast eine Million Menschen. Wie gelang es dieser kleinen und mittellosen ethnischen Gruppe, aus dem Nichts heraus ein solches Imperium aufzubauen? Es gibt dafür eine Erklärung, die sich in einem Wort ausdrücken lässt: Dhandho.

Dhandho (dhund-doe ausgesprochen) ist ein Wort aus der Gujarati-Sprache. *Dhan* geht auf den aus dem Sanskrit stammenden Begriff Dhana für Wohlstand zurück. Dhan-dho bedeutet wörtlich übersetzt »Bemühungen, um Wohlstand zu schaffen« und wird einfach für »Geschäfte« verwendet. Was sind Geschäfte sonst, wenn nicht das Bemühen darum, Wohlstand zu schaffen?

Aber das Dhandho-Konzept erhält eine noch viel konkretere Bedeutung, wenn man es auf die Strategie der Patels bezieht, mit niedrigem Risiko hohe Erträge zu erzielen. Ansonsten gilt ja gemeinhin der Lehrsatz, dass hohe Renditen zwangsläufig mit hohen Risiken verbunden sind. Dhandho stellt diese Annahme jedoch auf den Kopf: Mit Dhandho wird das Risiko minimiert und der Ertrag maximiert. Für einen typischen Patel ist es so selbstverständlich wie das Atmen, dass ein geschäftliches Vorhaben risikolos ist, wenn die Dhandho-Philosophie angewendet wird. Dhandho lässt sich folglich als das Bemühen zusammenfassen, Wohlstand zu schaffen, ohne Risiken einzugehen.

Nicht nur Unternehmer sollten sich eine Scheibe von der Dhandho-Philosophie der Patels abschneiden, sondern auch die Zielgruppe dieses Buches – Anleger und Vermögensverwalter. Dhandho ist eine Investmentphilosophie, die ihresgleichen sucht. Wenn ein Anleger für praktisch risikofreie Anlagen immer wieder mit enormen Renditen belohnt wird, lassen sich erstaunliche Ergebnisse erzielen. Nur mit Dhandho lässt sich erklären, wie die Patels in den vergangenen 30 Jahren ein solches Vermögen anhäufen konnten.

Aber ich greife vor. Lehnen Sie sich zurück, entspannen Sie sich und öffnen Sie sich für die Botschaft dieses Buches. Sie beginnen gerade eine bemerkenswerte Reise, die sich für Sie hoffentlich genauso lohnen wird, wie es bei mir und Generationen von Patel-Geschäftsleuten der Fall war.

Gujarat liegt am Arabischen Meer und verfügt über eine lange, landschaftlich reizvolle Küste mit mehreren Naturhäfen. Der Wendekreis des Krebses verläuft direkt durch diesen Bundesstaat. Im Lauf der Jahrhunderte war Gujarat immer ein idealer Ort für den Handel mit benachbarten asiatischen und afrikanischen Ländern. In seiner reichen Geschichte erwies sich Gujarat als ein Schmelztiegel vieler verschiedener Kulturen. Im zwölften Jahrhundert bot es Zuflucht für die Parsis, die vor der religiösen Verfolgung im Iran flohen und in Gujarat freundliche Aufnahme fanden. In der ersten Hälfte des 19. Jahrhunderts kamen die Ismailis aus dem Iran an. Mehrere Jahrhunderte lang war es für die Gujaratis ganz selbstverständlich, zu ihren asiatischen und afrikanischen Nachbarn zu reisen und Handel mit ihnen zu treiben.

Die Patels waren ursprünglich als *Patidars* bekannt, was sich ungefähr mit »Vermieter« übersetzen lässt. In den meisten Dörfern in Gujarat gab es einen vom Herrscher ernannten Patidar, der die Grundsteuern eintrieb, für die Sicherheit sorgte und die Landwirtschaft organisierte. Im Mittelalter wurden die Patidars wegen ihrer Führungsqualitäten und ihres landwirtschaftlichen Könnens ausgewählt. Für gewöhnlich hatten die Patels große Familien. Aber da das Land für jeden Sohn in immer kleinere Parzellen geteilt wurde, erwies es sich als immer schwieriger, mit der Landwirtschaft den Lebensunterhalt zu verdienen. Ende des 19. und Anfang des 20. Jahrhunderts wanderten deshalb zahlreiche Ismailis und Patels aus Gujarat in Länder wie Uganda aus. Sie ließen sich als Händler nieder oder verpflichteten sich als Arbeiter zum Bau der Eisenbahnen.

Die Patels und die Ismailis waren schon immer gute Geschäftsleute gewesen. In den folgenden Jahrzehnten übernahmen sie (mit ihren Dhandho-Methoden) die Kontrolle über weite Teile der Geschäftswelt in Uganda. Im Jahr 1972 jedoch ergriff General Idi Amin als Diktator die Macht. Er erklärte, dass »Afrika den Afrikanern« gehöre und Nicht-Afrikaner das Land verlassen müssten. Amin war schon deshalb kein großer Verehrer der Patels, weil sie den größten Teil der Wirtschaft kontrollierten. Die Tatsache, dass die meisten »Nicht-Afrikaner« wie die Patels und die Ismailis in Uganda geboren waren, dort seit Generationen lebten und kein anderes Zuhause hatten, war für Amin belanglos. Für ihn war es einfach: Afrika gehörte den Afrikanern.

Amin entzog allen Asiaten die Aufenthaltsgenehmigungen, unabhängig davon, ob sie eine Heimat hatten, in die sie zurückkehren konnten. Der ugandische Staat beschlagnahmte ihre Unternehmen und verstaatlichte diese ohne jede Entschädigung. Insgesamt 70.000 Gujaratis verloren praktisch ihr ganzes Vermögen und wurden Ende 1972 aus dem Land vertrieben.

In den Jahren 1972 und 1973 gab es auf der Welt mehrere Brennpunkte, die eine Rolle für das künftige Schicksal dieser verwaisten Patels spielten. Die Gründung von Bangladesch im Jahr 1971 und der Krieg mit Pakistan um dessen Unabhängigkeit hatten bereits zu einer ernsthaften Flüchtlingskrise in Indien geführt. Millionen verarmter Bangladescher waren nach Indien geflohen. In der Folge weigerte sich die indische Regierung, den aus Uganda vertriebenen Flüchtlingen indischer Herkunft ein Recht zur Einreise nach Indien zu gewähren.

Außerdem fiel die Vertreibung der Patels durch Idi Amin mit dem Ende des Vietnamkriegs zusammen, der den Vereinigten Staaten einen starken Zustrom vietnamesischer Flüchtlinge bescherte. Präsident Nixon und Außenminister Kissinger waren mit der Situation in Uganda durchaus vertraut und hatten Mitleid mit dem Schicksal der Patels, konnten aber nur eine begrenzte Anzahl von Flüchtlingen indischer Herkunft aufnehmen. Als »Mitglieder des Commonwealth« war es der überwiegenden Mehrheit der Patels und Ismailis erlaubt, sich in England und Kanada niederzulassen. Einige Tausend Familien wurden auch von den Vereinigten Staaten aufgenommen.

Die ersten Patels, die in den Vereinigten Staaten Zuflucht fanden, betätigten sich in der Motelbranche. Tausende von Patels, die später ankamen, folgten ihnen und wurden ebenfalls Motelbetreiber. Warum ausgerechnet Motels? Und warum entschieden sich praktisch alle Patels für dieselbe Branche?

Untersucht man die Geschichte ethnischer Gruppen, die in fremde Länder auswandern, kristallisiert sich ein Muster heraus: So wurden in Chicago viele der ersten irischen Einwanderer Polizeibeamte, während die meisten Hausmädchen Polinnen waren. In New York City dominierten Koreaner das Lebensmittelgeschäft, Chinesen betrieben viele Reinigungen, und Sikhs und Pakistani fuhren die meisten Taxis. Bei den Mietwagenfirmen am San Jose International Airport Kalifornien bietet sich ein kurioser Anblick, denn dort sind fast nur ältere, Turban tragende Sikhs beschäftigt. In Las Vegas gibt es eine große Bevölkerungsgruppe von osteuropäischen Taxifahrern und die meisten Prostituierten in Dubai stammen aus Osteuropa oder Russland.

Letztlich konzentrieren sich ethnische Gruppen deshalb in bestimmten Berufen, weil Rollenmodelle eine wichtige Rolle bei der Berufswahl spielen. Wenn jemand ein ähnliches Aussehen hat, unter ähnlichen Umständen aufgewachsen ist, derselben Religion angehört, eine vergleichbare Schule besucht hat und ein gutes Auskommen findet, übernimmt er natürlich eine gewisse Vorbildfunktion für andere Einwanderer, die ihre Berufung noch suchen. Groß gewachsene afroamerikanische Kinder in den Wohngegenden mit niedrigem Einkommen sehen regelmäßig groß gewachsene afroamerikanische Männer, die für die NBA spielen und ein Leben in Saus und Braus führen. Sie wissen, dass die Kindheit dieser Basketballstars ihrer eigenen recht ähnlich war. Damit liegt ein enormer Motivationsfaktor vor, sich ins Basketballtraining zu stürzen.

Aber damit ist die Frage noch nicht beantwortet, warum sich die ersten Patels in den Vereinigten Staaten für das Motelgeschäft entschieden. Warum betrieben sie keine Lebensmittelgeschäfte, Wäschereien oder Drogerien? Warum ausgerechnet Motels? Und warum suchten sie sich nicht einfach eine Festanstellung, anstatt sich selbstständig zu machen? Zum Teil liegt die Antwort in einer weiteren demografischen Veränderung, die Anfang der 70er-Jahre in den Vereinigten Staaten stattfand. Nach dem Zweiten Weltkrieg kam es zu einem enormen Wachstum der Vororte und das Schnellstraßennetz zwischen den Bundesstaaten wurde in großem Maßstab ausgebaut. Das Automobil war in der Mittelklasse zum Standard geworden und von Familien geführte Motels schossen entlang der neu gebauten Fernstraßen wie Pilze aus dem Boden. Das Ölembargo der Araber im Jahr 1973 und eine falsche amerikanische Wirtschaftspolitik (Preis- und Lohnkontrollen) rissen das ganze Land in eine tiefe Rezession.

Das Motelgeschäft ist in starkem Maß von der Konjunktur abhängig. Folglich ließ die Rezession, gekoppelt mit den exorbitanten Benzinpreisen, die Buchungszahlen in den Keller fallen. Viele kleine, unbedeutende Motels wurden von den Banken zwangsvollstreckt oder unter Wert verkauft. Gleichzeitig wurden die Kinder dieser alten Motelbesitzerfamilien erwachsen und fanden genügend Möglichkeiten außerhalb des Motelgeschäfts, um ihren Lebensunterhalt zu verdienen. Sie zogen in Scharen davon, um ihr Glück woanders zu suchen.

Papa Patel

Wir schreiben das Jahr 1973. Papa Patel wurde aus Kampala, Uganda, vertrieben und landete mit seiner Frau und seinen drei Kindern im Teenageralter irgendwo in den USA. Ihm blieben nur etwa zwei Monate Zeit, um seine Abreise zu planen, und er tauschte sein verbliebenes Vermögen so weit wie möglich in Gold und Devisen, um es aus dem Land zu schmuggeln. Es ist ohnehin nicht viel – nur einige Tausend Dollar. Da er eine Familie zu ernähren hat, versucht er, sich in der neuen Umgebung möglichst schnell zurechtzufinden. Er überlegt sich, dass er mit seinem starken Akzent und gebrochenen Englisch im Supermarkt Lebensmittel zum Mindestlohn verpacken könnte.

Dann sieht Papa Patel ein kleines Motel mit 20 Zimmern, das zum Verkauf steht. Der Preis erscheint ihm sehr niedrig und er kommt ins Grübeln. Die Bank würde ihm wahrscheinlich 80 bis 90 Prozent des Kaufpreises finanzieren. Seine Familie könnte dort wohnen und er würde die Miete sparen. Für den Erwerb des Motels würde er nur einige Tausend Dollar Kapital benötigen. Er sammelt bei sich und seinen engen Verwandten etwa 5000 Dollar ein und kauft das Motel. Dahyabhai Patel, einer der ersten Patels in den Vereinigten Staaten, brachte es auf den Punkt. »Die erforderliche Investition war gering und ich konnte mein Unterkunftsproblem lösen, weil ich [mit meiner Familie] dort leben und arbeiten konnte.«[1]

Papa Patel bezieht mit seiner Familie einige Räume des Motels, um nicht noch zusätzlich Miete bezahlen müssen. Da keine Arbeitswege anfallen, ist auch der Unterhalt für das Auto sehr günstig. Selbst das kleinste Motel benötigt eine rund um die Uhr besetzte Rezeption und jemanden, der die Zimmer sauber macht und die Wäsche wäscht. Das sind mindestens vier Menschen, die jeweils acht Stunden arbeiten.

Papa Patel entlässt alle angestellten Kräfte. Gemeinsam mit seiner Frau kümmert er sich um das Geschäft und wird abends, an den Wochenenden und in den Ferien von seinen Kindern unterstützt. Dahyabhai Patel sagte im Rückblick auf diese Anfänge: »Ich war mein eigener Rezeptionist, Schreiner, Klempner, Zimmermädchen, Elektriker und vieles andere mehr.«[2] Da Papa Patel also keine Angestellten bezahlen muss und die Ausgaben streng kontrolliert, hat sein Motel die niedrigsten Betriebskosten in der Gegend. Er bietet unschlagbar günstige Zimmerpreise an und erzielt dennoch gleich viel oder noch höhere Erträge je Zimmer als sein Vorgänger und seine Konkurrenten. Folglich wird sein Motel häufiger gebucht und seine Gewinne sind überdurchschnittlich hoch. Seine Konkurrenten dagegen müssen zusehen, wie ihre Auslastung sinkt. Der Druck auf die Zimmerpreise wächst. Ihre Kostenstrukturen verbieten es ihnen jedoch, sich den Preisen von Patels Motel anzunähern. Sie befinden sich in einer Spirale sinkender Auslastung und sinkender Gewinne.

Der typische Patel ist Vegetarier und pflegt einen bescheidenen Lebensstil. Da die meisten Restaurants in den Vereinigten Staaten in den 70er-Jahren keine vegetarischen Gerichte anbieten, ist es ohnehin naheliegend – und viel preiswerter –, zu Hause zu essen. Die Patel-Familien sind Tag und Nacht mit ihrer Arbeit im Motel beschäftigt und haben wenig Zeit für Freizeitaktivitäten. Folglich sind ihre gesamten Lebenshaltungskosten enorm niedrig. Mit einem einzigen Auto – meist einer billigen Blechkiste –, ohne Belastungen durch Miete, Gas und Strom und ohne Kosten für Arbeitswege, Restaurantbesuche, Urlaub oder Freizeitvergnügungen kommt Papa Patels Familie problemlos mit weniger als 5000 Dollar jährlich aus.

Die Preise sind in den 70er-Jahren weit niedriger als heute – der Mindestlohn liegt bei nur 1,60 Dollar. Wenn Papa und Mama Patel jeweils eine Vollzeitstelle annehmen würden, könnten sie bestenfalls ein Jahreseinkommen von etwa 6000 Dollar erzielen. Kaufen sie dagegen ein Motel mit 20 Zimmern zu dem äußerst günstigen Preis von 50.000 Dollar, leisten darauf eine Anzahlung von 5000 Dollar und finanzieren den Rest, erzielen sie selbst mit Übernachtungspreisen von

12 bis 13 Dollar und einer durchschnittlichen Auslastung von 50 bis 60 Prozent einen Jahresumsatz von 50.000 Dollar.

Anfang der 70er-Jahre, als Staatsanleihen eine Rendite von etwa 5 Prozent abwerfen, finanzieren die meisten Banken den Kauf eines Motels sehr bereitwillig zu einem Zinssatz von 10 bis 12 Prozent und nehmen die Immobilie als Sicherheit. Mr. Patel zahlt jährlich etwa 5000 Dollar Zinsen, 5000 Dollar Tilgung und weitere 5000 bis 10.000 Dollar für Motelbedarf, Instandhaltung und Gas, Wasser und Strom. Die Ausgaben liegen damit insgesamt unter 20.000 Dollar. Selbst wenn die Familie weitere 5000 Dollar jährlich für den Lebensunterhalt aufwendet (ein hoher Betrag im Jahr 1970), bleiben Papa Patel nach Abzug aller Steuern und der Lebenshaltungskosten über 15.000 Dollar jährlich übrig. Wären die 5000 Dollar von einem anderen Patel geliehen gewesen, hätte er sie in vier Monaten vollständig zurückzahlen können. Er könnte sogar überlegen, ob er die Hypothek für das Motel in nur drei Jahren zurückzahlt.

Die jährliche Rendite auf das eingesetzte Kapital von 5000 Dollar liegt bei erstaunlichen 400 Prozent (20.000 Dollar jährlicher Ertrag – 15.000 Dollar Cashflow und 5000 Dollar Tilgung). Borgt er die 5000 Dollar von einem anderen Patel, ist die Rendite auf das eingesetzte Kapital sogar unbegrenzt: Er setzt 0 Dollar ein und erzielt jährlich 20.000 Dollar. Vielleicht wenden Sie nun ein: Das ist alles schön und gut, aber was geschieht, wenn die Geschäfte nicht laufen?

Für seinen ersten Motelkauf muss Papa Patel nicht nur die Immobilie als Sicherheit verpfänden, sondern wahrscheinlich auch eine persönliche Garantie an den Kreditgeber abgeben. Aber da Papa Patel bestenfalls 5000 Dollar besitzt, ist eine persönliche Garantie nichts wert. Wenn er den Kredit nicht mehr bedienen kann, könnte die Bank nur die Immobilie übernehmen, denn neben dem Motel besitzt er kein weiteres Vermögen. Die Bank ist aber nicht unbedingt daran interessiert, das Motel zu übernehmen und zu betreiben, da sie nicht über die notwendigen Fähigkeiten und Kenntnisse verfügt. Es wäre für sie also sehr schwer, ein verlustbringendes Motel zu verkaufen und ihre Forderungen einzutreiben.

Es ist ganz einfach: Kann ein Patel das Motel nicht rentabel betreiben, dann kann es niemand. Also sollte die Bank tunlichst die Zusammenarbeit mit Papa Patel suchen, um das Motel in die schwarzen Zahlen zu bringen. Sie wird es folglich vorziehen, erneut über die Konditionen zu verhandeln und Papa Patel dabei zu unterstützen, die Wende herbeizuführen. Sie könnte beispielsweise einen Aufschub von einigen Monaten für die Zins- und Tilgungszahlungen gewähren, bis sich die allgemeine Wirtschaftslage wieder bessert. Vielleicht hebt sie dazu den Kreditzins an, um dem eigenen Risiko Rechnung zu tragen. Jedenfalls wird Papa Patel das Motel weiter betreiben, er wird dort weiter mit seiner Familie wohnen und er wird alles geben, um es zu schaffen – denn er hat keine Wahl. Entweder erzielt er mit dem Motel bald Gewinne oder er geht pleite und verliert sein Dach über dem Kopf.

An dieser Stelle sei daran erinnert, dass es sich bei dem Motel grundsätzlich um ein solides Geschäftsmodell handelt, mit dem sich viele Jahre lang gute Gewinne erwirtschaften ließen. Ein Motel zu betreiben ist kein Hexenwerk. Es handelt sich um ein Geschäft, bei dem ein Billiganbieter über einen unschlagbaren Wettbewerbsvorteil verfügt, und niemand kann ein Motel preiswerter betreiben als Papa Patel. Das Motelgeschäft entwickelt sich im Gleichklang mit der allgemeinen Wirtschaftslage. Irgendwann wird die Konjunktur wieder anspringen, die Rückstände bei der Bank werden beglichen und alle sind zufrieden – am meisten Papa Patel.

Sehen wir uns diese Investition als eine Wette an. Dann sind drei Ergebnisse denkbar.

Möglichkeit Nr. 1: Die Investition von 5000 Dollar bringt eine auf Jahresbasis berechnete Rendite von 400 Prozent ein. Es wird unterstellt, dass diese Entwicklung zehn Jahre anhält und das Unternehmen für denselben Preis, zu dem es gekauft wurde, veräußert wird (50.000 Dollar). Dies ist mit einer Anleihe vergleichbar, die jährlich 300 Prozent Zinsen einbringt und bei der die letzte Zinszahlung im Jahr 10 bei 900 Prozent liegt. Dies entspricht einer auf Jahresbasis umgerechneten Rendite von über 50 Prozent für zehn Jahre. Der diskontierte Cashflow wird bei einem angenommenen Abzinsungssatz von 10 Prozent in Tabelle 1.1 dargestellt.

Möglichkeit Nr. 2: Die Wirtschaft driftet in eine schwere Rezession und die Geschäfte laufen mehrere Jahre lang sehr schlecht. Die Bank setzt sich mit Herrn Patel zusammen und verhandelt wie oben beschrieben über die Kreditbedingungen. Herr Patel erzielt fünf Jahre lang eine Rendite von null. Als die Konjunktur wieder anzieht, beginnt er, jährlich 10.000 Dollar an überschüssigem freiem Cashflow zu erzielen (200 Prozent Rendite jährlich nach fünf Jahren). Das Motel wird im Jahr 10 zum ursprünglichen Kaufpreis verkauft. Jetzt ist die Investition mit einer Anleihe vergleichbar, die fünf Jahre lang keine Zinsen und dann fünf Jahre lang 200 Prozent Zinsen mit einer abschließenden Zinszahlung von 900 Prozent einbringt (siehe Tabelle 1.2). Dies entspricht einer auf Jahresbasis umgerechneten Rendite von über 40 Prozent für zehn Jahre.

Tabelle 1.1: Darstellung des diskontierten Cashflows im bestmöglichen Fall für Papa Patel

Jahr	Freier Cashflow (in US-Dollar)	Barwert des künftigen Cashflows (in Mio. US-Dollar)
Überschüssige Liquidität		0
1	15.000	13.636
2	15.000	12.397
3	15.000	11.270
4	15.000	10.245
5	15.000	9.314
6	15.000	8.467
7	15.000	7.697
8	15.000	6.998
9	15.000	6.361
10	15.000	5.783
10	Verkaufspreis 50.000	19.277
Summe		111.445

Tabelle 1.2: Analyse des diskontierten Cashflows im suboptimalen Fall für Papa Patel

Jahr	Freier Cashflow (in US-Dollar)	Barwert (in Mio. US-Dollar) des künftigen Cashflows
Überschüssige Liquidität		0
1	0	0
2	0	0
3	0	0
4	0	0
5	0	0
6	15.000	6.645
7	15.000	5.131
8	15.000	4.665
9	15.000	4.240
10	15.000	3.854
10	Verkaufspreis 50.000	19.277
Summe		42.812

Möglichkeit Nr. 3: Es tritt eine sehr schwere Rezession ein und die Geschäfte laufen katastrophal. Herr Patel kann seinen Kredit nicht mehr bedienen, die Bank leitet die Zwangsvollstreckung ein und Herr Patel verliert seine Investition. Die auf Jahresbasis umgerechnete Rendite beträgt 100 Prozent.

Diese drei Möglichkeiten decken letztlich das gesamte Risikospektrum ab. Wir nehmen für die erste Möglichkeit eine Wahrscheinlichkeit von 80 Prozent und für die zweite und dritte Möglichkeit eine Wahrscheinlichkeit von jeweils 10 Prozent an. Dies sind sehr vorsichtige Schätzungen, denn die Chance, dass das Motel weit schlechter als vorhergesagt läuft, liegt bei 1:5, auch wenn es zu einem sehr günstigen Preis gekauft und von einem hervorragenden und sehr kostenbewussten Betreiber geführt wurde. Wir nehmen auch unrealistischerweise an, dass der Wert des Motels und die Zimmerpreise über zehn Jahre lang nicht ansteigen. Aber selbst dann liegt die nach Wahrscheinlichkeit gewichtete, auf Jahresbasis umgerechnete Rendite noch bei deutlich über 40 Prozent. Der erwartete Barwert dieser Investition beträgt etwa 93.400 Dollar (0,8 ×111.445 Dollar + 0,1 × 42.812 Dollar). Aus Sicht von Papa Patel liegt die Chance bei 10 Prozent, dass er 5000 Dollar verliert, und bei 90 Prozent, dass er am Ende über 100.000 Dollar hat (bei einer Chance von 80 Prozent, dass er nach zehn Jahren über 200.000 Dollar verfügt). Für mich klingt das nach einer sehr sicheren Wette.

Wenn Sie auf der Pferderennbahn die Chance hätten, Ihren Einsatz mit einer Wahrscheinlichkeit von 90 Prozent zu verzwanzigfachen, während das Risiko eines Verlusts des Einsatzes nur bei 10 Prozent läge, würden Sie diese Wette abschließen? Ganz bestimmt! Sie würden diese Wette immer und immer wieder abschließen und am besten einen großen Teil Ihres Vermögens einsetzen. Der Einsatz ist zwar nicht völlig risikofrei, aber das Risiko sehr niedrig und die Rendite sehr hoch. Bei Kopf gewinnen Sie, bei Zahl verlieren Sie nicht viel!

Der Skeptiker in Ihnen ist vielleicht noch nicht überzeugt, dass das Risiko wirklich niedrig ist. Vielleicht halten Sie die Möglichkeit einer Pleite immer noch für sehr real, wenn Sie das gesamte Vermögen einsetzen (wie es bei Papa Patel der Fall ist).

Papa Patel setzt tatsächlich alles auf eine Karte, aber er hat noch einen Trumpf im Ärmel. Wenn der Kreditgeber die Zwangsvollstreckung einleitet und er das Motel verliert, könnten seine Frau und er eine Festanstellung annehmen. Sie könnten nicht mehr 40 Stunden, sondern 60 Stunden in der Woche arbeiten und beispielsweise Lebensmittel einpacken und möglichst viel sparen. Bei einem Mindestlohn von 1,60 Dollar im Jahr 1973 verdienen sie 9600 Dollar jährlich. Nach Steuern können sie leicht 2000 bis 4000 Dollar jährlich beiseitelegen. Bereits nach zwei Jahren würde Papa Patel wieder auf der Bildfläche erscheinen, ein weiteres Motel kaufen und es noch einmal versuchen.

Die Wahrscheinlichkeit, dieses Spiel zweimal hintereinander zu verlieren, liegt bei 1 : 100. Umgekehrt beträgt die Wahrscheinlichkeit, dass die Wette mindestens einmal aufgeht, etwa 99 Prozent. In diesem Fall erzielt Papa Patel eine Rendite von mehr als dem Zehnfachen. Das ist ein enorm niedriges Risiko mit enorm hohen Erträgen. Hier muss man einfach sagen: Bei Kopf gewinnen, bei Zahl aber nicht viel verlieren!

Bei einem so hohen Cashflow schwimmt Papa Patel bald in Geld. Sein Lebensstil ist jedoch nach wie vor bescheiden. Als sein ältester Sohn volljährig wird, übergibt er ihm das Motel. Die Familie kauft ein kleines Haus und sucht sich das nächste Motel, das es betreiben kann.

Dieses Mal ist es ein größerer Betrieb mit 50 Zimmern. Die Familie lebt nicht mehr im Motel, erledigt aber immer noch den größten Teil der Arbeit mit nur wenigen bezahlten Kräften. Das Rezept ist einfach: Die Kosten so niedrig wie möglich halten, die Konkurrenten bei den Zimmerpreisen unterbieten, die Auslastung erhöhen und den freien Cashflow maximieren. Im Lauf der Zeit werden die Motels an Verwandte aus der Sippe der Patels übergeben, während immer mehr neue Motels dazugekauft werden.

Der Erfolg der Patels beruht auf dem Schneeballprinzip. So kamen die eingangs erwähnten Zahlen zustande, wonach sich die Hälfte aller Motels in den Vereinigten Staaten im Eigentum von Patels befindet. Als die Patels den Motelmarkt ausgereizt hatten, begannen sie, höherwertigere Hotels zu kaufen und in verschiedene Geschäfte zu investieren, bei denen sie ihr Betriebsmodell der niedrigen Kosten als unschlagbaren Wettbewerbsvorteil einsetzten. Beispiele sind Tankstellen, Franchise-Unternehmen wie Dunkin' Donuts oder kleine Lebensmittelgeschäfte (7-Elevens). Manche investierten sogar in Time-Sharing-Wohnanlagen. Der Schneeball rollt weiter – und wird größer und größer.

Kapitel 2

Eine Variation des Dhandho-Konzepts

So interessant die Dhandho-Erfolgsstory der Motelbetreiber aus der Sippe der Patels auch ist – sie klingt eher nach einem einmaligen Glücksfall, der den Gegebenheiten Anfang der 70er-Jahre zu verdanken war. Es hat nicht den Anschein, als könnte sie sich heute in dieser Form wiederholen. Aber diese Annahme ist falsch, wie wir am folgenden Beispiel von Manilal Chaudhari belegen werden. Manilal ist kein Patel, aber ihr Cousin ersten Grades. Wie die Patels stammt er aus Gujarat und hat von dort mehr oder weniger identische kulturelle und religiöse Einstellungen mitgebracht. Und wie ein typischer Patel hat auch Manilal die Dhandho-Gene geerbt.

An einem schönen, sonnigen Valentinstag in Südkalifornien im Jahr 2006 verließ ich mein Büro in Irvine, um Manilal in seinem Best Western Motel in Moreno Valley in Kalifornien zu besuchen – etwa 50 Meilen landeinwärts in der Wüste. Ein gemeinsamer Freund hatte mich auf die interessante Geschichte des Unternehmers Manilal hingewiesen. Meine Neugierde war geweckt und ich nahm Kontakt zu ihm auf, um einen Gesprächstermin zu vereinbaren.

Der 54-jährige Manilal hat eine angenehm unaufdringliche Art und vermittelt den Eindruck eines aufrichtigen Menschen, der seinen Lebensunterhalt mit ehrlicher, harter Arbeit bestreitet. Er wurde in Gujarat geboren und wuchs mit vier Brüdern und zwei Schwestern auf. Einer seiner Brüder wanderte in den 70er-Jahren in die Vereinigten Staaten aus und ließ sich in der San Francisco Bay Area nieder. Manilal arbeitete damals in Indien als Buchhalter. Im Jahr 1991 erhielt er mit Unterstützung seines Bruders eine Greencard und konnte mit Frau und Kindern ebenfalls auswandern.

Er kam in San Francisco praktisch ohne Geld oder Vermögen an. Zunächst wohnte er bei seinem Bruder, bis er eine Arbeit gefunden hatte, mit der er seine Familie ernähren konnte. Manilal hatte zwar bereits vor seiner Auswanderung Englisch gesprochen und wohnte schon 15 Jahre in den Staaten, als wir uns trafen. Dennoch fiel es mir schwer, Manilals gebrochenes Englisch mit dem starken Akzent zu verstehen – vor allem am Telefon. Im persönlichen Gespräch war es einfacher, aber vor 15 Jahren befand er sich durch sein sprachliches Handicap auf dem Arbeitsmarkt deutlich im Nachteil.

Da er darüber hinaus weder Erfahrungen mit der Arbeitswelt in den USA noch Referenzen vorweisen konnte, erwies sich die Suche nach einer Stelle in seinem Beruf als Buchhalter als sehr schwierig. Manilal stand jedoch unter dem Druck, Geld zu verdienen, um seine Familie zu unterstützen. Bald war er bereit, so ziemlich jedes Angebot zum Mindestlohn anzunehmen, auch wenn er dann nicht in seinem erlernten Beruf arbeitete. Die Situation wurde dadurch nicht erleichtert, dass sich das Land Anfang der 90er-Jahre in einer tiefen Rezession befand. Manilal blieb nichts anderes übrig, als einen Job an einer Tankstelle anzunehmen, wo er von 15 Uhr nachmittags bis 7 Uhr morgens arbeitete – 16 Stunden täglich, an sieben Tagen in der Woche. Er arbeitete 112 Stunden in der Woche.

Schließlich kam ihm zu Ohren, dass es in Südkalifornien ein Unternehmen gab, das Stromversorgungen für Computer herstellte und einem anderen Patel gehörte. Cherokee International expandierte und suchte neue Mitarbeiter. Manilal bewarb sich und wurde eingestellt. Mit etwas finanzieller Unterstützung durch seinen Bruder ließ er sich mit seiner Familie in Südkalifornien nieder.

Bei Cherokee hatte er eine Vollzeitstelle. Er leistete so viele Überstunden, wie das Unternehmen nur zuließ. Seine Vorgesetzten wussten seine Fähigkeiten bald zu schätzen und versetzten ihn in das Lager, wo er sich in der Bestandsverwaltung nützlich machte. Die Bezahlung lag etwas über dem Mindestlohn. Seine anderen beiden Brüder und eine Schwester (samt deren Familien) kamen innerhalb weniger Monate nach. Sie alle teilten sich eine kleine Wohnung und bald hatten fast alle Erwachsenen einen Job an den Fließbändern von Cherokee. Einer der Brüder war ledig. Die sieben Erwachsenen warfen ihre Monatsgehälter in einen Topf und nahmen sich vor, eisern zu sparen.

Da ihr erstes Ziel lautete, nicht mehr so beengt zu wohnen, wollten sie ein Haus kaufen. Im Jahr 1994 legten sie ihre Ersparnisse zusammen – etwa 60.000 Dollar – und kauften für 203.000 Dollar ein Haus in dem Städtchen Foothill Ranch in Kalifornien. Außerdem nahm Manilal im Jahr 1994 eine zweite Stelle an einer Texaco-Tankstelle an. Er arbeitete nun von 8 bis 17 Uhr bei Cherokee und dann von 17.30 bis 23.00 Uhr an der Tankstelle. Der persische Tankstellenbesitzer erkannte bald die Integrität und den Arbeitswillen seines neuen Angestellten und machte ihn de facto zum Geschäftsführer. Neben seinem Lohn erhielt Manilal nun 10 Prozent des Nettogewinns der Tankstelle. Manilal führte die Tankstelle, als wäre es seine eigene. Er stellte Personal ein und entließ es, wenn es notwendig war, und sorgte für einen reibungslosen Betrieb.

Manilal wusste bald alles über das Tankstellengeschäft. Er kannte die Margen der verschiedenen Artikel, die Gemeinkosten und die finanzielle Situation des Unternehmens. Im Jahr 1998 konnten die Chaudhuris eine Eigentumswohnung für die Familie einer Schwester und ein weiteres Haus in Foothill Ranch für 169.000 Dollar kaufen. Sie lebten immer noch sehr einfach. Von Anfang an hatten die vier Geschwisterfamilien vereinbart, monatlich pro Familie 500 Dollar auf ein gemeinsames Sparkonto einzuzahlen. Aus diesem Pool finanzierten sie die Anzahlung für ihr erstes Haus. Auch für spätere Käufe entnahmen sie daraus das notwendige Geld. Sie hatten keine hohen Ansprüche und arbeiteten praktisch rund um die Uhr. Folglich blieb ihnen auch nicht viel Freizeit, um Geld für Vergnügungen auszugeben. Manilal erzählte mir, dass sie in den ersten beiden Jahren verschiedene Reisen unternahmen, um die üblichen Touristenattraktionen abzuklappern. Aber danach interessierten sie sich nicht mehr sonderlich für Reisen und arbeiteten lieber. Trotz ihrer sehr niedrigen Einkommen konnten sie jeweils einige Tausend Dollar jährlich beiseitelegen.

Im Jahr 1998 beschloss Manilal, mit seiner Großfamilie ein bescheidenes Unternehmen zu kaufen. Er dachte an eine Tankstelle, einen Spirituosenladen oder einen Waschsalon. Sein Arbeitgeber bei der Texaco-Tankstelle unterstützte ihn in seinen Planungen, riet ihm aber wegen der hohen Kriminalität und der sonstigen Scherereien von einem Spirituosengeschäft ab. Einige Patels zogen den Kauf eines Motels in Betracht, wurden dann aber von den hohen Preisen abgeschreckt, die sich in Südkalifornien mittlerweile im Millionenbereich bewegten. Manilal hielt überall Ausschau nach geeigneten Geschäften, fand aber keines, das ihm wirklich zusagte. Doch er war geduldig. Nach dem 11. September 2001 ging es mit der Tourismusbranche deutlich abwärts und im Zuge dieser Schwierigkeiten sanken sowohl die Auslastung als auch die Preise der Motels.

Cherokee beschäftigte zahlreiche Mitglieder der Patel-Sippe. Einer von ihnen, Ashok Patel, war stellvertretender Geschäftsführer des Unternehmens. Er mochte Manilal und bot ihm an, sich an einem Geschäft zu beteiligen, das Manilal betreiben würde. Nach dem 11. September entdeckte Manilal ein Best-Western-Motel in Moreno Valley, das für 4,5 Millionen Dollar zum Verkauf stand. Es handelte sich um ein spektakuläres Gebäude auf einem Grundstück von über einem Hektar in der Nähe des Highways. Sie mussten dafür eine Anzahlung von etwa 1,4 Millionen Dollar leisten. Manilal und seine Geschwister hatten insgesamt 225.000 Dollar gespart und konnten weitere 125.000 Dollar über Hypothekenbelastungen ihrer vorhandenen Häuser beschaffen.

Die Parteien fanden gemeinsam einen Weg, das Motel zu erwerben: Die Chaudhuris erhielten für 350.000 Dollar einen Anteil von 25 Prozent. Ashok Patel investierte etwa 252.000 Dollar und erhielt dafür eine Beteiligung von 18 Prozent. Drei weitere Freunde von Manilal investierten jeweils 266.000 Dollar und erhielten dafür eine Beteiligung von 19 Prozent. Damit stellten sich die Eigentümerverhältnisse für das Moreno Valley Best Western wie folgt dar:

Eigentümer	**Prozent**
Manilal mit Geschwistern	25
Ashok Patel	18
Mahendra Patel	19
Ravi Patel	19
Kanu Parekh	19
Gesamt	100

Manilal erzählte mir von seinen großen Vorbehalten, überhaupt jemandem Geld im Rahmen einer geschäftlichen Unternehmung in die Hände zu geben. Aber in diesem Fall sollte er ja das Motel leiten, sodass die Anleger eigentlich ihm das Geld gaben. Ich erklärte ihm, dass Pabrai Funds genauso funktionierte: Ich muss die Anleger nicht unbedingt auf Herz und Nieren prüfen, weil ich ihr Geld bekomme und nicht umgekehrt.

Manilal kündigte also bei Cherokee und stürzte sich mit seiner ganzen Energie in den Betrieb des Motels. Er erhielt ein Gehalt und die Gewinne wurden im Verhältnis ihrer Beteiligungen an die Partner ausgeschüttet.

Vier Jahre gehen ins Land. Der Marktwert des Motels ist auf über 9 Millionen Dollar geklettert, das entspricht einem Zuwachs von 100 Prozent. Aber das ist noch nicht alles. Im Lauf der vier Jahre wurde der Kredit in Höhe von 3,1 Millionen teilweise getilgt. Bei einer angenommenen Rückzahlung von etwa 200.000 Dollar jährlich beläuft sich der noch ausstehende Betrag also auf 2,3 Millionen Dollar. Damit sind die 1,4 Millionen Dollar, die anfänglich aufgebracht wurden, jetzt 6,7 Millionen Dollar wert. Das entspricht einer auf Jahresbasis umgerechneten Rendite von erstaunlichen 48 Prozent jährlich.

Aber es geht noch weiter. In unserer Rechnung sind die Renditen noch nicht enthalten, die diese Investition in den vergangenen vier Jahren einbrachte. Als Manilal das Motel im Jahr 2001 übernahm, lag die durchschnittliche Auslastung bei unter 60 Prozent. Bei einem durchschnittlichen Übernachtungspreis von 55 Dollar wurde ein Bruttoumsatz von knapp 1,6 Millionen Dollar erzielt.

Die durchschnittliche Auslastung ist mittlerweile auf über 65 Prozent gestiegen und der durchschnittliche Übernachtungspreis liegt bei 70 Dollar. Damit wird ein Jahresumsatz von etwa 2,1 Millionen Dollar erwirtschaftet. In den vergangenen vier Jahren stieg der Umsatz um 500.000 Dollar. Nach meinen Schätzungen dürften die zugrunde liegenden Kosten um etwa 150.000 Dollar gestiegen sein. Das Motel dürfte einen jährlichen freien Cashflow von 800.000 Dollar oder mehr erzielen – nach Abzug eines netten Sümmchens für Manilals Gehalt.

Betrachten wir diese Daten einmal aus Sicht von Manilal. Sein Gehalt beläuft sich auf mindestens 50.000 Dollar jährlich – ein großer Fortschritt gegenüber der Zeit bei Cherokee und der Tankstelle. Die Familieninvestition von 350.000 Dollar in diese »Motel-Anleihe« ergab eine jährliche Anfangsverzinsung von 125.000 Dollar, die dann jährlich um 25.000 Dollar anstieg und heute bei 200.000 liegt. Anfangs betrug der Zins dieser »Anleihe« 36 Prozent, derzeit liegt er bei 57 Prozent. Würden die Anteilseigner ihre Anteile heute verkaufen, bekämen sie nicht nur die ursprünglichen 350.000 Dollar zurück, sondern fast 1,7 Millionen. Innerhalb von vier Jahren hat sich der Wert ihrer Investition also verfünffacht!

Derzeit plant Manilal den Bau eines neuen Holiday Inn Express in Chino Hills, Kalifornien. Er hat das Grundstück für 1,3 Millionen Dollar gekauft und rechnet mit Baukosten von insgesamt 8 Millionen Dollar. Er geht von einem Umsatz von etwa 2,3 Millionen jährlich aus. Verständlicherweise versorgt er mich nicht mit allzu vielen finanziellen Details. Aber vermutlich wurde das Best Western refinanziert und die Anleger erhielten ihren Einsatz und noch einiges mehr wieder zurück. Die Refinanzierung sowie die robusten Cashflows aus dem Best Western finanzieren nun Chino Hills und andere Projekte.

Die Familie hat begonnen, Immobilien zu erwerben, für die die einzelnen Geschwister verantwortlich sind. Ein Bruder und die Schwester betreiben jeweils ein kleines Motel in Utah. Beide Objekte haben etwa 40 bis 50 Zimmer und wurden mit einer Anzahlung von etwa 250.000 Dollar gekauft. Die Geschwister und deren Ehepartner kündigten bei Cherokee, als sie die Führung der Motels übernahmen. Nur ein Bruder ist noch bei Cherokee beschäftigt. Manilal wohnt noch immer im selben bescheidenen Haus in Foothill Ranch, das er 1994 kaufte. Auf seine Kinder kann er stolz sein. Sie sind hauptsächlich Freiberufler wie Ärzte oder Zahnärzte. Seine 32-jährige Tochter ist verheiratet, hat zwei Kinder und erwarb vor Kurzem ein kleines Motel in Utah, das sie gemeinsam mit ihrem Ehemann führt.

Manilal hat die Dhandho-Philosophie auf klassische Weise umgesetzt. Er arbeitete hart, sparte jeden Cent und setzte dann alles auf eine Chance, die zu vielversprechend war, um sie verstreichen zu lassen. Er fand diese Chance in der Motelbranche, die nach dem 11. September 2001 einen schweren Absturz erlitt. Als die Preise und die Auslastung in den Keller fielen, trat Manilal auf den Plan und handelte. Er war drei Jahre auf der Suche gewesen und hatte geduldig auf ein geeignetes Geschäft gewartet. Auch bei ihm bewahrheitete sich die Maxime: »Lieber weniger Wetten, die dafür höhere Gewinnchancen bieten.« Auch er wagte den Einsatz genau dann, als er sagen konnte: »Bei Kopf gewinne ich, bei Zahl verliere ich nicht viel.«

Kapitel 3

Dhandho-Investor Richard Branson

Mittlerweile denken Sie wahrscheinlich: »Ja, diese Patels und Manilal haben Hervorragendes geleistet – alle Achtung! Ihre Geschichte ist sehr spannend, aber zur Nachahmung eignet sie sich nicht. Ich würde niemals mit meinen erwachsenen Geschwistern und deren Familien jahrelang unter einem Dach wohnen und jeden Cent zusammenkratzen wollen, um ein Motelimperium aufzubauen. Ich habe nicht vor, 100 Stunden pro Woche zu arbeiten oder mit meiner Familie jahrelang in einem Motel zu hausen.« Und wahrscheinlich vermuten Sie eine genetische Disposition oder familiäre Prägung, die diesen bizarren Lebensentwurf begünstigt hat. Folglich glauben Sie vermutlich, dass die Dhandho-Philosophie für Normalsterbliche aufgrund dieser Unterschiede nicht infrage kommt.

Diesen Eindruck möchte ich jedoch zerstreuen. Schauen wir uns dazu einen Repräsentanten der Dhandho-Philosophie an, der kein Patel ist und auch nicht aus Gujarat oder Indien stammt. Seine Heimat ist Surrey in England und sein Markenzeichen seine Extravaganz. Er möchte das Leben in vollen Zügen genießen und Spaß haben. Papa Patel und Richard Branson könnten also auf den ersten Blick nicht unterschiedlicher sein. Dennoch ist ihr unternehmerischer Ansatz identisch. Beide sind überzeugte Vertreter des Dhandho-Konzepts. Die Anfänge von Virgin Atlantic zeigen, wie man praktisch jedes Geschäft mit minimalem Kapitaleinsatz und so gut wie ohne Risiko gründen kann – Dhandho in Reinkultur.

Im Jahr 1984 hatte Richard Branson keine Ahnung von der Flugbranche. Er begann seine Unternehmerkarriere im Alter von 15 Jahren und wurde mit seinen Plattenfirmen und Aufnahmestudios sehr erfolgreich im Musikgeschäft.

Irgendwann flatterte ein Geschäftsplan für die Gründung einer Fluggesellschaft auf Bransons Schreibtisch. Das Besondere daran war, dass die Gesellschaft nur Business-Class-Plätze anbot und nur die Strecke zwischen London und New York bediente. Branson mutmaßte, dass ein Geschäftsplan für eine Fluggesellschaft mit einem 747 Jumbojet, die einem Manager in der Musikbranche vorgelegt wurde, andernorts schon unzählige Male abgelehnt worden sein musste. Ihm war ebenfalls klar, dass sich die anderen Geschäftsleute, die den Plan bereits abgelehnt hatten, in der Branche auskannten. Der Geschäftsplan beruhte auf der Annahme, dass der Sektor von den vorhandenen Unternehmen nicht ausreichend bedient würde. Branson versuchte das ganze Wochenende lang, die großen Billig-Fluglinien anzurufen, die auf dieser Route unterwegs waren, kam aber nie durch.[3]

Er zog daraus die Schlussfolgerung, dass es sich entweder um schlechte Geschäftsleute handelte oder dass sie der Nachfrage nicht Herr wurden – was wiederum bedeutet hätte, dass ein neuer Wettbewerber nicht chancenlos war. Er befasste sich mit dem Geschäftsplan und änderte ihn in einem wesentlichen Punkt ab, indem er nicht nur eine, sondern zwei Klassen vorsah.

Das ganze Wochenende brütete er über dem Plan. Am Montag ging er zu den Partnern und Top-Managern in seiner Plattenfirma und erzählte ihnen von seiner Absicht, eine Fluggesellschaft zu gründen. Die Reaktionen waren eindeutig: »Richard, jetzt bist du völlig übergeschnappt!« Sie wiesen ihn darauf hin, dass er immerhin einen 747 Jumbojet brauche, das teuerste Flugzeug überhaupt. Sie ließen keinen Zweifel daran, dass sie kein Interesse an der Geschäftsidee hätten und ihn nicht unterstützen würden.

Branson blieb hartnäckig. Er rief bei Boeing in Seattle an und bat darum, mit einem Mitarbeiter verbunden zu werden, mit dem er über das Leasing eines 747 Jumbojets sprechen könne. Nach mehreren Anläufen schien er den richtigen Ansprechpartner gefunden zu haben und fragte, ob Boeing irgendwo einen alten Jumbo übrig habe. Der Mitarbeiter bejahte dies und Branson erkundigte sich nach den Leasing-Konditionen für ein Jahr. Der Boeing-Mitarbeiter, der sich wahrscheinlich über den britischen Akzent amüsierte, wies ihn darauf hin, dass solche Leasing-Vereinbarungen üblicherweise nur mit Stammkunden durchgeführt würden. Doch Branson blieb hartnäckig und bat um einige Zahlen.[4] Boeing nannte einige Eckdaten und Branson rechnete aus, dass seine gesamten Ausgaben und die maximale Haftung für Virgin Atlantic Airlines (falls es schiefging) nur bei 2 Millionen Dollar lag. Mit seiner Plattenfirma erwirtschaftete er einen Gewinn von 12 Millionen Dollar, für das nächste Jahr waren sogar 20 Millionen Dollar prognostiziert.

Branson fand heraus, dass er den Treibstoff für sein Flugzeug erst 30 Tage nach Landung und die Löhne und Gehälter erst 15 bis 20 Tage nach Landung bezahlen musste, dafür aber die Einnahmen aus dem Ticketverkauf bereits 20 Tage *vor* Abflug erhalten würde. Folglich wurde nur ein relativ geringes Betriebskapital benötigt und bei den günstigen Leasing-Bedingungen von Boeing entfiel die Notwendigkeit, ein Flugzeug zu kaufen.

Branson kam zum Ergebnis, dass er nur ein paar Bodenmitarbeiter einstellen und einige Anzeigen in die Zeitung setzen musste und dann die Buchungen entgegennehmen konnte. Boy George produzierte damals seine Platten bei Virgin und war mit Branson gut befreundet. Um bei seinen ersten Mitarbeitern von Virgin Atlantic eine gute Arbeitsstimmung zu schaffen und Begeisterung zu wecken, brachte er Boy George am Flughafen Gatwick mit zum Cargo-Hangar, der als Zentrale für Virgin Atlantic diente. Die Mitarbeiter waren begeistert, aber Boy George wunderte sich sehr über das offensichtliche Chaos, das dort herrschte. Er sagte zu Branson: »Ich bin froh, dass ich hier auf der Erde bleiben kann.« Es war ein sehr chaotischer Anfang.[5]

Wenn jemand in Silicon Valley eine solche Idee hätte, würde ein ansprechender Geschäftsplan verfasst und mit der obligatorischen »Aufzugspräsentation«, einem Überzeugungsversuch innerhalb der kurzen Zeit einer Fahrstuhlfahrt, vorgestellt. Als Startkapital würden mindestens 60 Millionen Dollar ins Auge gefasst, um die Infrastruktur aufzubauen. Branson wählte einen anderen Weg. Der »Geschäftsplan« wurde an einem Wochenende entwickelt und war nur in Bransons Kopf vorhanden. Es gab nie einen schriftlichen Plan, es gab keine Gründungsberater, keine Wagniskapitalgeber und keine Privatinvestoren. Die Gründung erfolgt durch einen Unternehmer, der weder Erfahrungen mit der Flugbranche noch Fachkenntnisse mitbrachte.

Mein Kommentar zu Virgin Atlantic ist simpel: Wenn es möglich ist, praktisch ohne Startkapital ein Unternehmen zu gründen, für das man einen 747 Jumbojet im Wert von 200 Millionen Dollar benötigt und für das etliche Mitarbeiter in einer streng regulierten Branche eingestellt werden müssen, dann ist alles möglich. Dann können Sie praktisch jedes Geschäft, das Sie gründen wollen, mit minimalem Kapitaleinsatz beginnen. Das Kapital müssen Sie lediglich durch kreatives Denken und kreative Lösungen ersetzen.

Branson fand eine Servicelücke und nutzte sie. Als sich die Lücke allmählich schloss und British Airways und die anderen Konkurrenten aufwachten, hatte er bereits eine starke Marke aufgebaut. Noch heute bietet Virgin Atlantic ein einmaliges Produkt in einer sehr harten Branche an. Das Geschäftsmodell von Virgin Atlantic verkörpert die Dhandho-Philosophie in Reinkultur: Bei Kopf gewinnen Sie, bei Zahl verlieren Sie nicht viel!

Heute ist die Virgin Group ein nicht börsennotierter Konzern mit über 200 Unternehmen, der einen Jahresumsatz von etwa sieben Milliarden Dollar und einen jährlichen freien Cashflow von etwa 600 bis 700 Millionen Dollar erzielt. Praktisch allen 200 Unternehmen ist gemeinsam, dass bei ihrer Gründung nur sehr wenig Geld investiert wurde. Bei allen galt das Motto: Bei Kopf gewinne ich, bei Zahl verliere ich nicht viel.

Im Jahr 2005 wurden Elektronikprodukte unter der Bezeichnung Virgin Pulse in Geschäften der Target-Kette eingeführt.[6] Target hatte bei Virgin eine exklusive Linie von Designerelektronikgeräten in Auftrag gegeben und dafür den besten Platz in den Regalen versprochen. Virgin musste also weder Vertriebskosten tragen noch ein Risiko eingehen. Es beauftrage Ecco, ein schickes Designerunternehmen, und fand ein chinesisches Unternehmen, das die Geräte herstellte. Für Virgin rechnete sich dieses Geschäft. Es konnte nicht viel schiefgehen, während im Erfolgsfall hohe Profite lockten. Das Risiko lag hauptsächlich bei den Herstellern, die Kapazitäten über die bestätigten Bestellungen hinaus zusagen mussten, und bei Target, das in jedem Laden wertvollen Platz in den Regalen bereithalten musste. Zur Markteinführung wurde eine Party in New York veranstaltet, bei der Branson mit einigen angesagten Models auftrat, die sich mit Virgin-Pulse-Produkten präsentierten. Der finanzielle Aufwand dafür war sehr gering – typisch für ein Dhandho-Geschäft nach dem Motto: Bei Kopf gewinne ich, bei Zahl verliere ich nicht viel.

Ein weiteres Beispiel eines klassischen Dhandho-Unternehmens ist Virgin Mobile, der Mobilfunkableger von Virgin in den Vereinigten Staaten. Natürlich besitzt oder betreibt Virgin Mobile kein Mobilfunknetz. Vielmehr stellt die Gesellschaft Sprint das Netz bereit und liefert den Dienst unter der Marke von Virgin Mobile. Virgin hatte bei diesem Angebot besonders Jugendliche im Visier. Der Schwerpunkt lag auf coolen Handys und Phone Skins, Prepaid-Karten und der Jugendmarke Virgin. Natürlich waren auch hier nur minimale Investitionen erforderlich. Wenn das Geschäft schiefgegangen wäre, hätte sich der Verlust in engen Grenzen gehalten, da die Verantwortung für die Technologie, Abrechnung und Serviceinfrastruktur bei Sprint lag. Virgin steuerte die Marke und Produktpositionierung bei und erhielt dafür ein großes Stück vom Gewinnkuchen. Im besten Fall konnte Virgin hohe Gewinne einfahren, im schlimmsten Fall musste es einen vernachlässigbaren Verlust hinnehmen. Virgin Mobile legte eine rasante Entwicklung hin. Das Unternehmen stellte einen neuen Rekord auf, weil es schon nach weniger als drei Jahren die Umsatzmarke von einer Milliarde Dollar durchbrochen hatte. Auch hier hieß es: Bei Kopf gewinne ich, bei Zahl verliere ich nicht viel.

Im Jahr 1997 bot das Virgin-Team gemeinsam mit der Royal Bank of Scotland ein innovatives Hypothekenprodukt unter der Marke Virgin Mortgage an und nannte es Virgin One Account.[7] Das Revolutionäre an diesem Konzept war, dass der Kreditnehmer nur Zinsen auf den Unterschiedsbetrag zwischen seinem Bankguthaben und dem Kreditsaldo bezahlen musste. Auch hier musste Virgin kaum Kapital investieren. Die Bankgeschäfte selbst wurden ohnehin von der Bank abgewickelt. Virgin steuerte lediglich die Marke und Unterstützung beim Marketing bei und wurde dafür großzügig am Gewinn beteiligt. Das Motto lautete wieder: Bei Kopf gewinne ich, bei Zahl verliere ich nicht viel.

Branson besitzt eine Privatinsel auf den British Virgin Islands namens Necker Island.[8] Das spektakuläre Objekt wurde in der letzten Folge der TV-Reihe *The Rebel Billionaire* des US-Senders Fox vorgestellt. Die Insel war vor wenigen Jahren für drei Millionen Pfund zum Verkauf angeboten worden. Branson lag mit seinem Anfangsgebot von 150.000 Pfund ganze 95 Prozent unter diesem Preis und wurde zunächst ausgelacht. Aber nur wenige Wochen später kaufte er die Insel für nur 180.000 Pfund. Es muss nicht eigens erwähnt werden, dass Sir Richard im Lauf der Jahre eine spektakuläre Rendite auf sein Investment erzielte. Heute können Sie Ihre Ferien gemeinsam mit 13 Freunden für nur 30.000 Dollar pro Nacht auf Necker Island verbringen.[9]

Da bei Sir Richard Bransons Unternehmungen nicht viel auf dem Spiel steht, muss er sich auch um die Pleitequoten nicht kümmern. Selbst wenn sich die Hälfte seiner Geschäftsideen als Flops erweist oder zumindest nicht zu einer Expansion führt, spielt das keine Rolle. Es wurde ohnehin nie viel Kapital investiert. Wagniskapitalgeber sollten sich das Virgin-Modell genau ansehen, weil es das Wagniskapitalmodell der Zukunft ist. Branson erzielt bei minimalem Risiko maximale Erträge. Ihm werden ständig neue Ideen zugetragen, von denen er einige wenige umsetzt. Er hält hohe Beteiligungen an diesen Unternehmen, ohne Kapital zu riskieren. In manchen Fällen hält er 100 Prozent, ohne viel investiert zu haben.

Bransons Unternehmerkarriere lässt sich in zwei Worten ausdrücken: Virgin Dhandho. Wie seine »Zwillings«-Brüder Manilal und Papa Patel handelt auch Branson nach dem Motto: Bei Kopf gewinne ich, bei Zahl verliere ich nicht viel.

Kapitel 4

Das Dhandho-Konzept in der Stahlbranche

NIRGENDWO ZEIGT SICH INDIEN so farbenfroh wie in Rajastan, an der Grenze zu Pakistan. Marwar ist ein kleiner Bezirk in diesem Bundesstaat. Die Marwaris haben den Ruf, die Dhandho-Philosophie bis zur Perfektion umzusetzen. Neben ihren beeindruckenden Geschäftserfolgen verblassen selbst die Patels.

In der *Forbes*-Liste der reichsten Menschen der Welt nahmen Bill Gates und Warren Buffett im Jahr 2005 ihre üblichen Plätze auf Rang 1 und 2 ein. Aber dicht auf den Fersen ist ihnen ein Unternehmer aus Marwari, nämlich Lakshmi Mittal.[10] Mittal schuf praktisch aus dem Nichts innerhalb von 30 Jahren ein Vermögen von über 20 Milliarden Dollar. Er begann seine Karriere etwa zur gleichen Zeit wie Bill Gates. Wie wir wissen, setzte Bill auf eine Branche, die sehr hohe Renditen auf das eingesetzte Kapital bietet. Er trommelte ein paar Software-Ingenieure zusammen, entwickelte MS-DOS und Microsoft Word und verkaufte dann Hunderte Millionen Lizenzen.

Welches ökonomische Prinzip ermöglicht solche Erfolge? Der Computerhersteller Dell erhält eine einzige Kopie von Microsoft Office, um sie auf seinen PCs zu installieren. Mit jeder Installation von Office auf einem Rechner schickt Dell ein paar Hundert Dollar an die Microsoft-Zentrale in Redmond, Washington. Weltweit werden Hunderte Millionen Kopien hergestellt, die Microsoft Jahr für Jahr Milliarden einbringen. Die Rendite auf das eingesetzte Kapital ist schwindelerregend und die Bruttomarge liegt bei nahe 100 Prozent.

Das Erstaunliche an Lakshmi Mittals Aufstieg ist, dass er seine Energie und das bisschen Kapital, das er hatte, in eine Branche mit schwierigen ökonomischen Grundbedingungen investierte, nämlich in die Stahlbranche. Ein Stahlwerk kann den Verkaufspreis des Endprodukts nicht kontrollieren und auch die Kosten der Rohstoffe sind ein großer Unsicherheitsfaktor. Schon darin besteht ein großer Unterschied zu der Branche, in der Microsoft tätig ist. Außerdem sind Stahlwerke sehr kapitalintensiv. Als wäre dieser Cocktail noch nicht giftig genug, sind die Arbeitskräfte in der Regel gewerkschaftlich organisiert. Die Stahlbranche war also für Investoren in den vergangenen 30 Jahren äußerst unattraktiv. Es ist kein Wunder, dass Stahlunternehmen weltweit in große Schwierigkeiten gerieten und viele von ihnen untergingen.

Mittal begann 1976 mit einem kleinen, unscheinbaren Stahlwerk in Indonesien. Obwohl alles gegen ihn sprach, besaß er am Schluss einen der größten und rentabelsten Stahlkonzerne der Welt. Noch wichtiger – zumindest für ihn: Er hatte ein Vermögen von über 20 Milliarden Dollar geschaffen, das stetig weiterwächst. Wie gelang ihm das? Dafür gibt es eine einfache Erklärung: Er wendete die Dhandho-Philosophie an.

Ein Beispiel dafür ist seine Übernahme des Stahlgiganten Karmet Steel Works in Kasachstan.[11] Das Unternehmen konnte seine Mitarbeiter nicht mehr bezahlen, weil es tief in den roten Zahlen steckte. Es stand kurz vor der Schließung: Die Manager aus den Sowjetzeiten waren sogar gezwungen, Stahl gegen Lebensmittel für ihre Arbeiter zu tauschen. Die kasachische Regierung war froh, Mittal die Schlüssel für das Werk praktisch umsonst aushändigen zu können. Mittal behielt das gesamte Personal, zahlte die ausstehenden Löhne und verwandelte das Werk innerhalb von fünf Jahren in ein florierendes Geschäft mit sprudelnden Gewinnen. Mittal wird für die Rettung des Unternehmens bis heute geradezu als Held verehrt.[12]

Dasselbe wiederholte er mit dem Stahlwerk Sidek Steel in Rumänien. Im Jahr 1992 übergab ihm die mexikanische Regierung für 220 Millionen Dollar die Schlüssel für das Werk Sibalsa. Der Bau des Werks hatte die Mexikaner immerhin zwei Milliarden Dollar gekostet. Das ist das Dhandho-Konzept in Reinform: Mittal erhielt praktisch für zehn Cent einen Dollarschein. Mittal hatte immer die Methode angewendet, Vermögenswerte unter Wert zu kaufen. Danach verwandelte er die starren, unflexiblen Werke in extrem effiziente Unternehmen.

Die Gründer von Google, Oracle, Cisco und Intel waren alle sehr talentiert, aber sie hatten auch das große Glück, mit einem starken Rückenwind zu segeln. Sie alle konzentrierten sich auf Unternehmen, in denen bemerkenswerte ökonomische Grundsätze am Werk und sehr hohe Renditen erzielbar waren. Erstaunlicherweise verfügt ausgerechnet Mittal, dem der Wind immer ins Gesicht schlug, über ein höheres Reinvermögen als alle anderen. Das Dhandho-Konzept verhalf ihm zu einem triumphalen Platz 3 auf der *Forbes*-400-Liste. Wir werden noch zeigen, dass auch die Männer auf Platz 1 und 2 exzellente Dhandho-Investoren sind. Ob sie aus Seattle, Omaha oder Marwar stammen – das Dhandho-Konzept funktioniert immer.

Abschließend möchte ich noch eine letzte Anmerkung zu den Marwaris und ihren Geschäftsmethoden anfügen. Neulich saß ich mit einem guten Freund, einem Marwari, beim Abendessen. Ich fragte ihn, wie der typische Marwari vorgehe, wenn er in ein Unternehmen investiert. Er erwiderte nonchalant, dass seine Landsleute selbst dann, wenn sie nur auf eine fünfjährige Schulzeit zurückblickten, spätestens nach drei Jahren selbstverständlich Erträge erwarteten. Wenn sie ausbezahlt werden, ist es für sie selbstverständlich, dass ihr Kapital nicht an Wert verloren hat. Sie erwarten, dass sie dabei extrem niedrige Risiken eingehen. Das ist natürlich eine Lektion, die man sich merken sollte – die aber an der Harvard Business School nicht gelehrt wird. Wenn Sie diese Marwari-Formel vor jeder Investition anwenden, kann ich Ihnen zwei Dinge versichern:

1. Sie werden die meisten der Ihnen angebotenen Anlagechancen schnell verwerfen.
2. Sie werden mit sehr wenig Kapital beginnen und nach einigen Jahrzehnten sehr reich sein.

Meine persönliche Dhandho-Erfahrung

Um die Spielarten des Dhandho-Konzepts zu veranschaulichen, möchte ich von meiner eigenen Erfahrung damit berichten. Als ich mein erstes Unternehmen, Transtech, Inc., gründete, besaß ich praktisch kein Kapital: Ich konnte auf Mittel für meine Altersvorsorge bei Tellabs in Höhe von etwa 30.000 Dollar und auf einen Kreditkartenrahmen von 70.000 Dollar zurückgreifen. Die Kreditkarten hatte ich beantragt, als ich bereits ahnte, dass ich mein eigenes Unternehmen gründen würde.

Ich durchforstete die US-Insolvenzgesetze und stellte fest, dass mir keine allzu große Gefahr drohte. Sollte ich Schiffbruch erleiden und meine Schulden nicht begleichen können, würde ich persönliche Insolvenz anmelden und noch einmal von vorn anfangen. Es war ähnlich wie bei Papa Patel – es sprach wenig dagegen, weil ich nicht viel verlieren konnte. Außerdem sagte mir mein Chef, dass er mich jederzeit gern wieder einstellen und mir dann sicherlich auch ein höheres Gehalt bezahlen würde. Ich konnte also letztlich nur die 30.000 Dollar aus meiner Altersvorsorge verlieren. Ich war gerade 25 Jahre alt; das Letzte, was mir Sorgen bereitete, war meine Rente.

Ich gründete Transtech im Februar 1990, als ich noch bei Tellabs beschäftigt war. Wenn ich Kundenbesuche machen musste, nahm ich mir einen halben Tag Urlaub. Ich arbeitete frühmorgens von 5.30 bis 7.30 Uhr zu Hause für mein eigenes Unternehmen, fuhr dann zur Arbeit und widmete mich dann von 18 Uhr bis Mitternacht wieder meinen Geschäften. Ich bezog ein festes Gehalt und hatte kaum Betriebsausgaben. Als ich den ersten Kunden gewonnen hatte und mit einem Umsatz von über 200.000 Dollar jährlich rechnen konnte, kündigte ich.

Genau betrachtet war meine Methode also risikofrei. Die einzige Gefahr, die mir drohte, war der mögliche Verlust meines Rentensparstrumpfs. Andererseits lockte ein enormer Gewinn, der sich leicht auf mehrere Millionen Dollar belaufen konnte. Meine Wagniskapitalgeber hießen Visa und Mastercard. Ich war damals ledig und musste keine Familie ernähren. Meine Mahlzeiten bestanden damals meist aus einem Sandwich von Subway. Meine Fixkosten waren ziemlich niedrig.

Die Alternative, weiter bei Tellabs beschäftigt zu bleiben, schien mir nicht sehr verlockend. Ich wollte mich nicht auf den langweiligen Weg des langsamen Aufstiegs im Unternehmen begeben. Wenn ich mich nämlich mit 35 oder 45 Jahren anders besann und mich doch noch selbstständig machen wollte, wäre es viel schwieriger gewesen. Ich hätte wahrscheinlich eine Frau und Kinder und damit wäre eine risikofreie Geschäftsgründung nicht mehr zu bewerkstelligen. Mit 25 Jahren und ohne feste Bindung wollte ich meine Chance nutzen.

Mein Plan war sehr einfach. Mein Geschäftsmodell beruhte auf dem Prinzip der Arbitrage. Ich wollte das Gefälle zwischen dem hochentwickelten Fachwissen und den gut ausgebildeten Arbeitskräften Indiens in den Client-Server-Technologien und dem Arbeitskräftemangel im Mittleren Westen der USA nutzen. Mit meinem Startkapital von 100.000 Dollar erzielte ich bereits zum Zeitpunkt meiner Kündigung bei Tellabs ansehnliche Umsätze und einen kleinen Gewinn. Die ersten beiden Kunden hatte ich bereits an Bord. Ich sagte mir: »Bei Kopf gewinne ich, bei Zahl verliere ich nicht viel.«

Transtech sollte sich als Glücksgriff erweisen. Im Jahr 1996 wurden wir in die Gruppe der *Inc.*-500-Unternehmen aufgenommen, in der sich die 500 am schnellsten wachsenden Unternehmen in den Vereinigten Staaten versammeln. Während der Umsatz innerhalb von zehn Jahren auf über 20 Millionen Dollar jährlich schnellte, benötigte das Unternehmen nie einen Cent Fremdkapital. Das Wachstum wurde aus dem Cashflow finanziert. Die Liquiditätsausstattung war nie üppig, weil wir sehr schnell wuchsen und alles verfügbare Kapital wieder in das Wachstum investierten. Ende 1991 lernte ich einen exzellenten Banker kennen, Tom Harazim, dem unsere Geschichte gefiel. Er glich alle meine Kreditkartenkonten aus, beendete den teuren Forderungsverkauf, den ich bisher zur Verbesserung der Liquidität betrieben hatte, und stellte Transtech eine weit günstigere Kreditlinie zur Verfügung, da die Qualität unserer Forderungen einwandfrei war.

Im Jahr 1994 trennten wir uns für etwa zwei Millionen Dollar von einigen Unternehmenswerten. Zum ersten Mal in meinem Leben fühlte ich mich reich. Schließlich wurde im Jahr 2000 das gesamte Unternehmen für mehrere Millionen Dollar verkauft. Eine Investition von 30.000 Dollar brachte mir somit über zehn Jahre einen 150-fachen Ertrag ein. Das entspricht einer Rendite von über 65 Prozent auf Jahresbasis. Mein Jahresgehalt, das bei der Kündigung 45.000 Dollar betragen hatte, stieg innerhalb weniger Jahre auf über 300.000 Dollar. Das Zauberwort heißt Dhandho: hoher Gewinn bei minimalem Risiko. Es war ein klassischer Einsatz nach dem Motto: Bei Kopf gewinne ich, bei Zahl verliere ich nicht viel.

Kapitel 5

Die Eckpunkte der Dhandho-Philosophie

Auf den ersten Blick haben Papa Patel, Manilal, Branson, Mittal und meine Wenigkeit sehr unterschiedliche Reisen unternommen. Dennoch führten unsere Wege zu ähnlichen Zielen. Unsere Reisen ähneln sich, weil sie auf gemeinsamen Grundsätzen beruhen. Diese im Folgenden beschriebenen Grundsätze bilden den Rahmen der Dhandho-Philosophie.

1. Kaufen Sie ein bereits bestehendes Unternehmen

Als Papa Patel beschloss, Unternehmer zu werden, gründete er kein nagelneues Geschäft. Vielmehr kaufte er ein vorhandenes Unternehmen mit einem klar verständlichen Geschäftsmodell und einer langen Vergangenheit, die er analysieren konnte. Diese Vorgehensweise birgt deutlich weniger Risiken als eine Neugründung. Auch Manilal und Mittal wählten diesen Weg.

2. Kaufen Sie einfach zu durchschauende Unternehmen in Branchen, die sich nur langsam ändern

Papa Patel dürfte Anfang der 70er-Jahre kaum von Warren Buffett gehört haben. Das Umfeld, in dem die beiden aufwuchsen, hätte unterschiedlicher nicht sein können. Dennoch gelangten sie zu derselben Schlussfolgerung: Kaufen Sie einfach zu durchschauende Unternehmen in Branchen, die sich nur äußerst langsam ändern.

> *Veränderungen sind der Feind jeder Geldanlage ... deshalb suchen wir die Abwesenheit von Veränderungen. Wir verlieren nicht gern Geld. Der Kapitalismus ist bekanntlich ziemlich brutal. Wir suchen alltägliche Produkte, die jeder braucht.*[13]
>
> WARREN BUFFETT

Solange Menschen weite Reisen unternehmen und unterwegs übernachten und sich ausruhen möchten, wird es auch eine Nachfrage nach Motels und Hotels geben. Mein ehemaliges Unternehmen Transtech scheint auf den ersten Blick einer sich schnell verändernden Branche anzugehören, aber im Grunde handelt es sich um ein simples Low-Tech-Unternehmen. Im Kern ist es nur ein Dienstleistungsgeschäft. Zwar hat sich die Informationstechnologie (IT) im Laufe der Jahre dramatisch geändert, doch ihr eigentliches Wesen und die wirtschaftlichen Grundlagen der erbrachten Dienstleistungen sind letztlich gleich geblieben. So verändert sich zwar das Technologiegeschäft von IBM sehr schnell, aber die Aktivitäten von IBM Global Services oder Accenture zeigen eine recht hohe Unveränderlichkeit.

3. Kaufen Sie Not leidende Unternehmen in Not leidenden Branchen

Verlassen Sie sich nie darauf, später einen hohen Verkaufspreis zu erzielen. Der Kaufpreis muss so attraktiv sein, dass Sie selbst an einem mittelmäßigen Verkauf noch gut verdienen.[14]

WARREN BUFFETT

Die Eintrittsstrategie ist eigentlich noch wichtiger als die Exitstrategie.[15]

EDDIE LAMPERT

Wie in Kapitel 1 erwähnt befanden sich die Motels an den US-Highways Anfang der 70er-Jahre in der Krise. Sie litten unter dem Ölembargo, der tiefen Rezession und dem Rückgang des Verbraucherkonsums. Aufgrund der miserablen kurzfristigen Aussichten standen sie für Schleuderpreise zum Verkauf. Papa Patel war sich der Tatsache bewusst, dass die Zeiten schlecht waren und er folglich einen sehr niedrigen Preis bezahlte. Auch Manilal wurde in einer Krisensituation aktiv, als nämlich die Reisebranche nach dem 11. September in ein tiefes Loch fiel. Und Mittal versorgte sich reichlich mit Not leidenden Unternehmen in einer Not leidenden Branche in Not leidenden Ländern und Regionen. Er setzte den Grundsatz also konsequent um. Kein Wunder, dass er es auf die oberen Plätze der *Forbes*-400-Liste geschafft hat. Buffett sagte im Alter von 21 Jahren in einer Rede vor Studierenden der Columbia University:

Ich sage Ihnen, wie man reich wird. Schließen Sie aber zuerst die Türen.
Nehmen Sie sich in Acht, wenn andere gierig sind. Seien Sie gierig, wenn sich andere in Acht nehmen.[16]

WARREN BUFFETT

Papa Patel, Manilal und Mittal befanden sich im Jahr 1952 zwar nicht unter Buffetts Zuhörern. Dennoch erkannten sie instinktiv, dass die Zeiten dann günstig für einen Unternehmenskauf sind, wenn die kurzfristigen Zukunftsaussichten düster erscheinen und die Branche gemieden wird. Unter solchen Umständen stehen die Chancen gut, dass ein Kapitalgeber sich Unternehmen weit unter Wert einverleiben kann. Niemand weiß das besser als Lakshmi Mittal.

4. Kaufen Sie Unternehmen mit einem dauerhaften Wettbewerbsvorteil – dem Burggraben

Investitionen dürfen nicht danach beurteilt werden, inwiefern sich eine Branche auf die Gesellschaft auswirkt oder welches Wachstum sie vor sich hat. Vielmehr geht es darum, den Wettbewerbsvorteil eines Unternehmens und vor allem dessen Dauerhaftigkeit zu erkennen. Produkte und Dienstleistungen, die von einem soliden Burggraben umgeben sind, bieten Anlegern die höchsten Erträge.[17]

WARREN BUFFETT

Durch seine Konzentration auf die Kostenseite gelang es Papa Patel, die Preise seiner Konkurrenten deutlich zu unterbieten und dennoch erfreuliche Gewinnspannen zu erzielen. Damit erhöhte er die Auslastung seines immer nur kurzfristig beanspruchten Gutes der Motelübernachtungen. Diesen Wettbewerbsvorteil konnte er über Jahrzehnte aufrechterhalten. Nur wenn die Patels untereinander konkurrieren, ist dieser Vorteil in Gefahr. Aber Amerika ist groß und die relativ wenigen Patels im Land sind klug genug, sich das Leben nicht unnötig schwer zu machen, indem sie in direkte Konkurrenz zueinander treten.

Papa Patel, Manilal und Mittal konnten sich mit einem soliden Burggraben umgeben, weil sie die kostengünstigsten Hersteller in ihrem jeweiligen Bereich waren. Auch Branson lässt sich nur dann auf ein Geschäft ein, wenn er überzeugt davon ist, dass ein breiter und tiefer Graben ihn vor der Konkurrenz schützt. Für diesen Graben sorgt er, indem er den Ausbau seiner Marke vorantreibt, ein wirklich innovatives Angebot schafft und auf eine brillante Umsetzung seiner Projekte achtet.

Beim Geschäft mit IT-Dienstleistungen handelt es sich um Wiederholungsgeschäfte. Der Burggraben beruht hier auf den Kundenbeziehungen und der genauen Kenntnis ihrer Tätigkeiten und Systeme. Bei einer Rede vor Studierenden an der University of Florida sagte Buffett einmal:

> *Ich möchte es den Konkurrenten nicht leicht machen. Deshalb müssen meine Unternehmen einen Burggraben haben. Ich möchte eine wehrhafte Burg mit einem Burgherrn, der ehrlich ist, hart arbeitet und weiß, was er tut. Und diese Burg braucht einen Burggraben. Dieser kann durch ganz unterschiedliche Dinge gewährleistet sein. Bei unserer Kfz-Versicherungsgesellschaft GEICO sind es etwa die niedrigen Kosten.*[18]
>
> WARREN BUFFETT

Die verstorbene Rose Blumkin, besser bekannt als Mrs. B., Gründerin des Nebraska Furniture Mart (NFM), ist eine solche Burgherrin. Noch heute, nach so vielen Jahrzehnten, sind niedrige Kosten entscheidend für den Erfolg und das Wachstum von NFM. Mrs. B stammt zwar nicht aus Gujarat, aber sie könnte Papa Patels Zwillingsschwester sein.

5. Greifen Sie zu, wenn die Chancen klar auf Ihrer Seite sind

Papa Patels Ausflug in das Motelgeschäft hätte durchaus mit einer Bruchlandung enden können. Aber bei den zwei aufeinander folgenden Wetten, die Papa Patel im Lauf von fünf Jahren einging, war die Wahrscheinlichkeit gering, beide zu verlieren. Und selbst wenn – seine Verluste wären minimal gewesen, weil er nicht viel investierte. Sein soziales Netz hätte ihm wieder auf die Beine geholfen. Andererseits erhielt er bei einem Gewinn der Wette – und die Chancen, zumindest eine Wette zu gewinnen, standen bei über 99 Prozent – das 20-Fache seines Einsatzes zurück. Es ist ein klassisches Beispiel für das Motto »Bei Kopf gewinne ich, bei Zahl verliere ich wenigstens nicht viel«.

Warren Buffetts Geschäftspartner und stellvertretender Aufsichtsratsvorsitzender bei Berkshire Hathaway, Charlie Munger, lehnt sich an das bei Pferderennen übliche Wettsystem an, wenn er am Aktienmarkt investiert. Anders als im Kasino wetten Sie beim Pferderennen gegen die anderen Wettgegner. Der Veranstalter vereinnahmt 17 Prozent des gesamten eingesetzten Betrags. Die Reibungskosten, bezogen auf den Aktienmarkt, sind sehr hoch. Munger meint dazu:

> *Eine Investition am Aktienmarkt ist für uns dasselbe wie eine Wette auf der Pferderennbahn. Wir suchen ein Pferd, das mit einer Wahrscheinlichkeit von 2 : 1 gewinnen wird, sodass sich der Einsatz im Verhältnis 1 : 3 auszahlt. Wir suchen also extrem gute Chancen, bezogen auf den Einsatz. Darum geht es beim Investieren. Und natürlich müssen Sie sich sehr gut auskennen, um zu gewährleisten, dass Ihr Einsatz nicht zu hoch ist. Das ist wertorientierter Aktienkauf.*[19]
>
> Charlie Munger

Wer auf der Rennbahn regelmäßig gewinnen möchte, muss das Problem der 17 Prozent Reibungskosten, die mit der Platzierung einer Wette verbunden sind, lösen. Munger zufolge schaffen es tatsächlich einige Menschen, sich auch nach Abzug der 17 Prozent ihren Lebensunterhalt durch Pferdewetten zu verdienen.[20] Sie beobachten alle Pferde und Rassen, platzieren aber keine Wetten. Erst wenn sie auf ein grobes Missverhältnis zwischen dem Einsatz und den Chancen (zu ihren Gunsten) stoßen und es sich dabei um ein Pferd handelt, über das sie sehr viel wissen, setzen sie einen hohen Betrag auf dieses eine Pferd und nur in diesem einen Rennen. Danach beobachten sie Pferde und Pferderennen wieder so lange weiter, bis sich eine weitere gute Chance auftut.

Nicht viel anders sind die bisher in diesem Buch beschriebenen fünf Dhandho-Investoren vorgegangenen. Sie konzentrierten ihr Kapital und ihren Einsatz auf wenige Chancen. Meist blieben sie untätig oder beschränkten sich auf niedrige Wetten (Branson). Aber sobald sie dann auf eine einmalig günstige Chance stießen, nutzten sie die Gunst der Stunde und platzierten eine hohe Wette.

6. Die Kunst der Arbitrage: Profitieren Sie von Unterschieden

Arbitrage wird klassischerweise als Versuch definiert, von Preisunterschieden bei identischen oder ähnlichen Finanzinstrumenten zu profitieren. Wird beispielsweise Gold in London zu 550 Dollar je Unze und in New York zu 560 Dollar je Unze gehandelt, kann sich der Arbitrageur in London mit Gold eindecken und es in New York sofort wieder gewinnbringend verkaufen, sofern die Reibungskosten niedrig sind. Natürlich verringert sich währenddessen der Preisabstand immer mehr und die Arbitragemöglichkeit löst sich schließlich auf. Die Unterschiedsbeträge bei Arbitragegeschäfte sind typischerweise gering und stehen manchmal nur für kurze Zeit zur Verfügung. Dafür allerdings sind solche Geschäfte praktisch risikofrei und versprechen leicht verdientes Geld. Warren Buffett gestand in einer Rede an der Columbia Law School:

Weil meine Mutter heute nicht hier ist, kann ich es ja sagen: Auch ich habe Arbitragegeschäfte getätigt.[21]

WARREN BUFFETT

Mit Arbitragegeschäften gewinnen Sie eine Wette ohne Einsatz. Sobald eine eindeutig erkennbare Arbitragespanne vorhanden ist, können Sie einfach nicht verlieren. Auch Papa Patel war ein Arbitrageur. Zwar war sein Geschäft nicht völlig risikofrei, aber es wies ansonsten viele Merkmale der klassischen Arbitrage auf.

Stellen Sie sich zwei Städte vor, wie in Abbildung 5.1 dargestellt. In Stadt A leben 40.000 Einwohner und in Stadt B 30.000 Einwohner. Ein Friseursalon in Stadt B beschäftigt einen Angestellten. Dieser stellt fest, dass wiederholt neue Kunden in den Laden kommen, die mitten in der Einöde in dem 25 Kilometer entfernten Städtchen C wohnen.

Abbildung 5.1: Das Arbitragegeschäft eines Dhandho-Investors

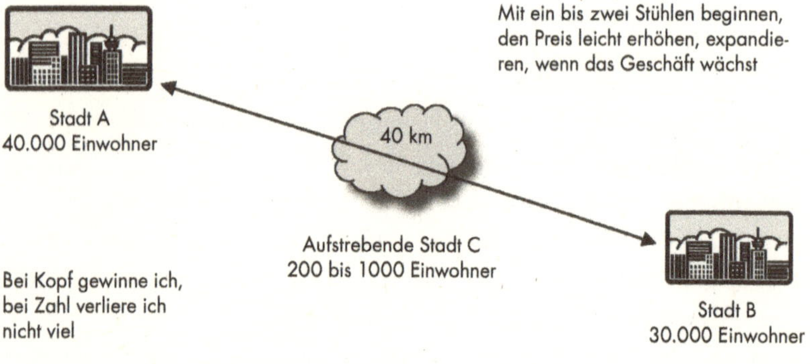

Offensichtlich handelt es sich um kleines Städtchen mit rasch zunehmender Bevölkerung. Im Augenblick müssen seine Bewohner zum Haareschneiden in Stadt A oder Stadt B fahren, weil es in Stadt C noch keinen Friseur gibt. Unser Friseur überlegt nun, dass die Hin- und Rückfahrt eine Stunde Zeit in Anspruch nimmt und vier bis fünf Dollar Benzinkosten verursacht, vom gewöhnlichen Verschleiß des Autos ganz abgesehen. Er glaubt, dass die Bewohner von Stadt C vielleicht ganz froh über einen eigenen Friseursalon wären.

Er sieht sich in Stadt C um und mietet, da er kein Kapital besitzt, monatsweise ein heruntergekommenes Ladenlokal für einen Mietpreis, der weit unter der marktüblichen Miete liegt. Er begnügt sich zunächst mit einer rudimentären Einrichtung, stellt einen Friseurstuhl auf, hängt ein selbst gebasteltes Schild vor die Tür und macht sich an die Arbeit. Nach seiner Kalkulation kann er notfalls wieder zu seinem alten Arbeitgeber zurückkehren und hat dann fast nichts verloren. Er senkt sein Risiko sogar noch weiter, indem er vorerst in Teilzeit in seinem alten Salon weiterarbeitet, bis er im neuen Salon genügend Stammkunden gewonnen hat. Wenn alles funktioniert, so malt er sich aus, ist er bald sein eigener Chef mit einem eigenen kleinen Unternehmen.

Menschen lieben ihre Gewohnheiten. Wir rasieren jeden Tag dieselbe Gesichtshälfte zuerst, wir kämmen unser Haar gleich und wir wechseln auch unseren Friseur nicht jeden Monat. Sobald der Friseur in unserem Beispiel also in Stadt C präsent ist, gewinnt er Stammkunden und erzielt regelmäßige Einnahmen. Selbst wenn seine Haarschneidekünste etwas schlechter oder seine Preise etwas höher wären, könnte er immer noch auf seine Kunden zählen, weil sie entscheidende Zeit sparen. Tatsächlich kann er sich in dem heruntergekommenen Friseursalon, der nur mit einem Stuhl ausgestattet ist, vor Kunden bald nicht mehr retten. Er verbessert die Ausstattung und das Ambiente, kauft einen zweiten Friseurstuhl, stellt einen Mitarbeiter ein und beginnt, seinen kleinen Betrieb zu erweitern. Bereits nach wenigen Wochen hat er so viel zu tun, dass er seinen alten Job kündigt. Unser einfallsreicher Friseur weiß es vielleicht nicht, aber im Grunde ist er ein Arbitrageur.

Seine Arbitrage besteht darin, dass er den »Spread« von 25 Kilometern nutzt, der zwischen ihm und dem nächsten Konkurrenten liegt. Solange dieser Spread bestehen bleibt und Stadt C weiter wächst, kann er seine Umsätze steigern – auch wenn er höhere Preise verlangt oder einen leicht schlechteren Service erbringt.

Im Lauf der Zeit wird sich dieser Spread wie bei jeder Arbitrage verkleinern und schließlich ganz verschwinden. Weitere Friseure werden einen Salon eröffnen, bis es schließlich in Stadt C genauso viele Friseure je Einwohner wie in Stadt A oder Stadt B gibt. Bis dahin können allerdings durchaus mehrere Jahre ins Land gehen. In der Zwischenzeit hat unser Friseur überdurchschnittliche Gewinne erzielt und einen treuen Kundenstamm aufgebaut. Vielleicht muss er seine Preise etwas nach unten korrigieren oder seinen Service aufgrund des Konkurrenzdrucks verbessern. Aber er hat bereits eine Marke aufgebaut und einen Stamm zufriedener Kunden gewonnen, die sich an ihn gewöhnt haben und ihm mit hoher Wahrscheinlichkeit die Treue halten. Auch wenn er nun keine Möglichkeit mehr hat, ein Gefälle zu nutzen und damit überdurchschnittliche Gewinne zu erzielen, sichern ihm seine Marke und seine Stammkunden auf Jahre hinaus sein Auskommen. Er arbeitet nun zu denselben Bedingungen wie sein früherer Arbeitgeber in Stadt B. Die Rendite auf sein ursprünglich eingesetztes Kapital ist jedoch enorm – ähnlich wie bei unseren fünf Dhandho-Investoren. Und auch er hat einen fast risikofreien Einsatz durch Arbitrage platziert.

Das Arbitragegeschäft von Papa Patel und Manilal folgt einfachen Regeln. Sobald sie ein Motel übernehmen, senken sie die Betriebskosten, um einen unschlagbar günstigen Zimmerpreis anbieten zu können, der wiederum die Auslastung in die Höhe treibt. Die höhere Auslastung bei niedrigeren Kosten erzeugt ein Gefälle zu den Konkurrenten – bis ein anderer Patel auftaucht und mit ihnen konkurriert. Aber bis es so weit ist, können durchaus 15 bis 20 Jahre vergehen.

Ein typischer Patel ist ganz gewiss nicht dumm. Er wird es deshalb vermeiden, mit einem Motel in direkte Konkurrenz zu einem anderen Patel zu treten. Folglich wird der Arbitragevorteil eine Zeit lang Bestand haben. Doch irgendwann muss er verschwinden. In der Zwischenzeit aber – und das können mehrere Jahrzehnte sein – ziehen Papa Patel und Manilal fleißig Profit aus diesem Gefälle.

Das Arbitragegeschäft von Branson besteht darin, äußerst innovative Angebote zu machen, gleich in welcher Branche. Im Lauf der Zeit werden viele Innovationen kopiert, der Burggraben schrumpft und der

Arbitragevorteil schwindet. Aber auch in Bransons Fall dauert es bis dahin oft ein oder zwei Jahrzehnte.

Wenn sich Mittal bei seinen Einkaufstouren günstig mit Unternehmen eindeckt und diese dann auf Vordermann bringt, verschafft er sich einen Vorsprung durch niedrige Preise. Im Lauf der Jahre hat er noch einen zweiten Vorteil bis zur Perfektion entwickelt: die globale Arbitrage. Diese spielt er bei Arbeitskräften, Rohstoffen, Energiekosten und beim Preis aus. Er siedelt seine Stahlwerke in sehr unterschiedlichen Regionen an, um dort jeweils die optimale Art und Menge von Stahl herzustellen. Mittelweile verschaffen ihm seine enorm hohen Produktionskapazitäten und seine Marke sogar einen dritten Vorteil: Er kann bei Käufern und Lieferanten bessere Preise als seine Konkurrenten durchsetzen und dadurch seine Kosten noch weiter senken.

7. Kaufen Sie Unternehmen zu Preisen, die deutlich unter ihrem inneren Wert liegen

Papa Patel dürfte kaum *Intelligent Investieren*[22] von Benjamin Graham gelesen oder auch nur von der sogenannten »Sicherheitsmarge« von Graham gehört haben. Dennoch hat Papa Patel das Konzept der Risikominimierung instinktiv verinnerlicht. Wenn Sie einen Vermögenswert mit einem hohen Abschlag auf seinen eigentlichen Wert kaufen, ist die Wahrscheinlichkeit eines dauerhaften Kapitalverlustes niedrig – selbst dann, wenn sich die Dinge schlechter als erwartet entwickeln. Nach diesem Prinzip handelte Papa Patel. Er verfügte über eine enorme Sicherheitsmarge, als er sein Motel kaufte. Benjamin Graham sagte:

> *… die Funktion der Sicherheitsmarge besteht eigentlich darin, eine exakte Zukunftsprognose überflüssig zu machen.*[23]
>
> Benjamin Graham

8. Suchen Sie Unternehmen mit niedrigem Risiko und hoher Ungewissheit

Der Kauf des Motels stellte für Papa Patel kein großes Risiko dar. Allerdings war das Ergebnis seiner Tätigkeit sehr unsicher. Was, wenn sich die Benzinpreise auf dem hohen Niveau einpendelten oder die Rezession anhielt? Selbst dann wäre Papa Patel noch ein Niedrigkostenanbieter gewesen. Er wäre immer noch in der Lage gewesen, niedrigere Zimmerpreise als die Konkurrenz zu berechnen und eine höhere Auslastung zu erzielen. Selbst im schlimmsten Fall wäre er zumindest nicht untergegangen. Aber bei boomender Konjunktur und moderaten Benzinpreisen konnte er Geld wie Heu verdienen. Somit war sein Risiko sehr niedrig, während gleichzeitig das Ergebnis seiner Investition sehr ungewiss war.

Ein niedriges Risiko und eine hohe Ungewissheit sind eine wunderbare Kombination. Diese führt nämlich zu steil in den Keller fallenden Unternehmenspreisen – vor allem am Aktienmarkt, der wie eine Pferdewette funktioniert. Dhandho-Investoren konzentrieren sich in erster Linie auf die Minimierung des Risikos. Bei geringem Risiko drohen per definitionem wenig Gefahren. Der Ungewissheit begegnen sie, indem sie die Palette möglicher Ergebnisse vorsichtig beschränken. Auch hier bewahrheitet sich wieder das klassische Dhandho-Motto: Bei Kopf gewinne ich, bei Zahl verliere ich nicht viel.

9. Lieber ein Nachmacher als ein Erfinder

Die ersten Patels ebneten den Weg für Tausende andere, die nach ihnen kamen. Papa Patel hatte gesehen, wie einige der früheren Ankömmlinge kleine Motels kauften. In Gesprächen mit diesen Pionieren wurde ihm die Unschlagbarkeit des Geschäftsmodells klar. Er hatte gar nicht vor, Innovationen hervorzubringen. Er folgte einfach nur dem Weg, den andere schon gegangen waren. Auch die Tausenden von Patels, die folgten, schufen nichts Neues. Auch Manilal erfand nichts Neues. Und auch ich hatte die Idee für Transtech eigentlich von meinem früheren Arbeitgeber Tellabs. Dieser war allerdings nicht daran interessiert, während ich ein enormes Potenzial sah. Also kündigte ich bei Tellabs und setzte die Idee um – mit Erfolg, wie sich herausstellte. Innovationen sind so zufallsabhängig wie ein Würfelspiel. Dagegen birgt es ein viel niedrigeres Risiko und bringt höhere Gewinne ein, sich an das Vorhandene zu halten und es zu optimieren.

Diese neun Grundsätze stellen also die Eckpunkte der Dhandho-Philosophie dar. Sie werden nachstehend noch einmal zusammengefasst:

- Investieren Sie in bereits bestehende Unternehmen.
- Investieren Sie in Unternehmen, die Sie verstehen.
- Investieren Sie in Not leidende Unternehmen in Not leidenden Branchen.
- Investieren Sie in Unternehmen mit einem dauerhaften Wettbewerbsvorteil.
- Platzieren Sie nur wenige Wetten, die umso höheren Gewinn versprechen.
- Nutzen Sie Arbitragechancen.
- Eine Sicherheitsmarge muss sein – immer!
- Investieren Sie in Unternehmen mit niedrigem Risiko und hoher Unsicherheit.
- Investieren Sie lieber in Nachahmerprodukte als in Innovationen.

Kapitel 6

Dhandho-Lektion Nr. 1

Investieren Sie in bereits bestehende Unternehmen

Für Ihre Geldanlagen steht Ihnen eine Fülle von Möglichkeiten zur Verfügung: Geldmarktpapiere, Staatsanleihen, Unternehmensanleihen, Aktien, Immobilien, Gold, Silber, Platin, Öl-Futures – die Liste ließe sich beliebig fortsetzen. Ein Blick auf die Renditen der großen Aktienmarktindizes in den vergangenen 100 Jahren zeigt, dass Aktien besser als alle anderen leicht verfügbaren Vermögensklassen abschneiden. Der Beweis lässt an Deutlichkeit nichts zu wünschen übrig: Langfristig sind gewöhnliche Aktien die beste Geldanlage. Deshalb wollen wir im Folgenden diese merkwürdige Erfindung namens Aktienmarkt näher untersuchen.

Seit etwa 50.000 Jahren gibt es Menschen auf dieser Erde und seit einigen Tausend Jahren kaufen und verkaufen sie sich Gegenstände. Der erste Aktienmarkt wurde erst 1790 in Philadelphia gegründet, gefolgt von der New Yorker Börse im Jahr 1792.[24] Für viele Menschen ist eine Aktie nur ein rätselhaftes Stück Papier, dessen Preis ständig schwankt. Das ist eine mögliche Sichtweise. Weit klüger ist es, dem Vorschlag von Benjamin Graham zu folgen und sich eine Aktie als Eigentümeranteil an einem Unternehmen vorzustellen. Die Motels von Papa Patel werden an keiner Börse gehandelt. Wenn es so wäre und

Sie diese Motelaktien gekauft hätten, wären Sie und Papa Patel nun Partner. Da die Motels reichlich Geld einbringen, würden Sie davon genauso profitieren wie er.

Der Aktienmarkt bietet gegenüber dem Kauf und Verkauf ganzer Unternehmen sechs große Vorteile:

1. Wenn Sie – so wie Papa Patel – ein ganzes Unternehmen kaufen, müssen Sie es erst einmal auf Vordermann bringen. Entweder müssen Sie sich selbst darum kümmern oder einen kompetenten Geschäftsführer finden. Das erfordert nicht wenig Aufwand. Papa Patel machte seine Sache gut, aber es gelang ihm nur deshalb, weil er von seiner ganzen Familie jahrelang rückhaltlos unterstützt wurde.

2. Wenn Sie eine Aktie kaufen, sind Sie an einem Unternehmen beteiligt, das Ihnen schon eine schwere Aufgabe abgenommen hat: Es ist bereits mit Personal ausgestattet und die Geschäfte laufen schon. Sie können die Ernte aus Ihrer Beteiligung einfahren, ohne sich allzu sehr anstrengen zu müssen. Der Aktienmarkt ermöglicht es Ihnen, Anteile an einigen wenigen Unternehmen nach eigener Wahl zu besitzen, und das so lange, wie Sie es für richtig halten. Gleichzeitig steht es Ihnen jederzeit frei, Ihre Investition per Mausklick am Computer wieder zu verkaufen. Mit dem Aktienmarkt hat die Menschheit eine Geldvermehrungsmaschine erfunden, die praktisch allen anderen Alternativen weit überlegen ist und darüber hinaus auch noch erstaunlich preiswert und leicht zu nutzen ist. Papa Patel musste auf all diese Vorteile verzichten. Durch den Aktienmarkt haben wir also im Vergleich zu ihm einen riesigen Vorsprung. Der Schlüssel besteht darin, sich auf den Aktienmarkt zu beschränken und dabei dennoch die Dhandho-Philosophie anzuwenden.

3. Beim Kauf und Verkauf ganzer Unternehmen haben beide Parteien ein gutes Gespür dafür, was ein Objekt wert ist. In der Regel vereinbaren sie einen angemessenen Preis. Nur wenn sich ein Unterneh-

men oder eine ganze Branche in Schwierigkeiten befindet, können Käufer ein Schnäppchen machen so wie Papa Patel. Aber das sind Ausnahmen. Normalerweise wählen die Verkäufer einen für sie vorteilhaften Zeitpunkt. Folglich müssen Sie als Käufer einen fairen bis hohen Preis bezahlen.

Der Aktienmarkt funktioniert insofern wie eine Wette beim Pferderennen, als die Preise durch einen Auktionsprozess festgelegt werden. Wie beim Pferderennen führt das Auktionsverfahren gelegentlich zu einer breiten Abweichung zwischen dem Wert eines Unternehmens und seinem Börsenkurs. Wir können sehr gute Ergebnisse erzielen, wenn wir nur gelegentlich mitmischen, nämlich dann, wenn unsere Chancen außerordentlich gut stehen. Charlie Munger meinte dazu:

> *Bei Licht betrachtet, ist auch eine Pferderennbahn ein Markt. Jeder platziert seinen Einsatz und dementsprechend ändern sich die Gewinnchancen. Dasselbe geschieht auf dem Aktienmarkt.*[25]
>
> Charlie Munger

4. Der Kauf eines ganzen Unternehmens – auch wenn es nur eine kleine Tankstelle oder ein Waschsalon ist – erfordert Kapital. Am Aktienmarkt investieren Sie dagegen immer gerade so viel, wie Sie gerade erübrigen können. Es ist ein immenser Vorteil, mit einem winzigen Kapitalpool zu beginnen und ihn dann im Lauf der Jahre auszubauen.

5. Es gibt eine Fülle von börsennotierten Unternehmen im In- und Ausland, deren Aktien Sie mit wenigen Mausklicks kaufen können. Meiner Schätzung zufolge kann sich der durchschnittliche Einzelanleger mit einigen wenigen Depots leicht an über 100.000 Unternehmen weltweit beteiligen. Überlegen Sie im Gegensatz dazu einmal, wie viele Privatunternehmen in einem Radius von 40 Kilometern um Ihr Haus zu einem gegebenen Zeitpunkt zum Verkauf stehen!

6. Auf der Rennbahn streicht der Wettbetreiber 17 Prozent des Einsatzes ein. Die Reibungskosten sind also sehr hoch. Selbst wenn Sie nur ein winziges Privatunternehmen kaufen, liegen die Transaktionskosten zwischen Käufer und Verkäufer üblicherweise zwischen 5 und 10 Prozent des Kaufpreises. Darin ist Ihr Aufwand an Zeit und Mühe noch gar nicht enthalten. Dagegen können Sie für weniger als 10 Dollar mit den Anteilen an börsennotierten Unternehmen handeln. Bei einem Anlagevolumen von 100.000 Dollar liegen die Reibungskosten selbst bei einem hyperaktiven Anleger mit 50 Orders jährlich bei nur 0,5 Prozent – und sie sinken anteilig immer weiter, während der Wert des Portfolios im Laufe der Zeit steigt. Diese verschwindend geringen Reibungskosten sind ein riesiger Vorteil.

Mit Beteiligungen an einigen wenigen Unternehmen sind Sie auf dem besten Weg zu Wohlstand. Sie müssen kein Unternehmen auf Vordermann bringen, haben die Chance auf Schnäppchen, können mit wenig Kapital einsteigen und profitieren von einer Riesenauswahl und enorm niedrigen Reibungskosten. Gleichzeitig verspricht Ihr Dhandho-Investment in vorhandene Unternehmen überdurchschnittlich hohe Erträge.

Kapitel 7

Dhandho-Lektion Nr. 2

Investieren Sie in Unternehmen, die Sie verstehen

Die Vorteile des Kaufs von Aktien liegen nun also auf der Hand. Aber bevor wir eine Aktie kaufen, müssen wir ihren inneren Wert kennen. Wie sonst können wir beurteilen, ob wir zu dem gegebenen Aktienkurs wirklich ein gutes Geschäft machen? Was ist der innere Wert eines Unternehmens? Gibt es eine allgemeine Formel für seine Berechnung? Wie finden wir ihn heraus?

Jedes Unternehmen hat einen inneren Wert, der anhand einer einfachen Formel ermittelt wird. John Burr Williams definierte ihn als Erster in seinem 1938 veröffentlichten Buch *The Theory of Investment Value.*[26] Danach bestimmt sich der innere Wert eines Unternehmens nach den Mittelzuflüssen und -abflüssen, die für die restliche Lebensdauer des Unternehmens erwartet werden, nachdem sie mit einem geeigneten Zinssatz abgezinst wurden. So einfach ist es.

Tabelle 7.1: Analyse des diskontierten Cashflows der Tankstelle

Jahr	Freier Cashflow (in US-Dollar)	Barwert (in US-Dollar) des künftigen Cashflows (10 Prozent)
2007	100.000	90.909
2008	100.000	82.645
2009	100.000	75.131
2010	100.000	68.301
2011	100.000	62.092
2012	100.000	56.447
2013	100.000	51.315
2014	100.000	46.650
2015	100.000	42.410
2016	100.000	38.554
2017	Verkaufspreis 400.000	154.217
Summe		774.701

Zur Veranschaulichung stellen wir uns vor, dass Ende 2006 eine Tankstelle in Ihrer Nachbarschaft für 500.000 Dollar zum Verkauf angeboten wird. Nehmen wir weiterhin an, dass die Tankstelle nach zehn Jahren für 400.000 Dollar verkauft werden kann. Der freie Cashflow – also die liquiden Mittel, die für Ausschüttungen oder andere Zwecke zur Verfügung stehen – liegt in den nächsten zehn Jahren voraussichtlich bei 100.000 Dollar jährlich. Nehmen wir an, dass es eine alternative Anlagemöglichkeit mit niedrigem Risiko gäbe, die Ihnen eine jährliche Rendite von 10 Prozent auf Ihr Kapital einbringen würde. Sollten Sie die Tankstelle kaufen oder die praktisch sichere Rendite von 10 Prozent einstreichen?

Tabelle 7.2: Analyse des diskontierten Cashflows der Alternativanlage mit niedrigem Risiko und zehn Prozent Rendite

Jahr	Freier Cashflow (in US-Dollar)	Barwert (in US-Dollar) des künftigen Cashflows
2007	50.000	45.454
2008	50.000	41.322
2009	50.000	37.566
2010	50.000	34.151
2011	50.000	31.046
2012	50.000	28.224
2013	50.000	25.658
2014	50.000	23.325
2015	50.000	21.205
2016	50.000	17.277
2017	Ausgezahltes Kapital 500.000	192.772
Summe		500.000

Für die oben stehenden Berechnungen des abgezinsten Cashflows habe ich einen Taschenrechner des Typs Texas Instruments BA-35 verwendet. Sie können dafür auch Excel einsetzen. Wie aus Tabelle 7.1 hervorgeht, hat die Tankstelle einen inneren Wert von etwa 775.000 Dollar.

Bei einem Kaufpreis von 500.000 Dollar würden wir also grob zwei Drittel ihres inneren Werts bezahlen. Die Berechnung des abgezinsten Cashflows, der sich aus dem Investment mit niedrigem Risiko und einer Rendite von 10 Prozent ergibt, wird in Tabelle 7.2 dargestellt.

Es überrascht nicht, dass die Investition von 500.000 Dollar in die Alternativanlage mit niedrigem Risiko auch einen Barwert in gleicher Höhe hat. Die Anlage in die Tankstelle verspricht also ein besseres Geschäft als die Anlage in eine mit 10 Prozent verzinsliche Anleihe – vorausgesetzt, die erwarteten Cashflows und Verkaufspreise entsprechen den Annahmen.

Der Aktienmarkt stellt die Kurse, zu denen unzählige Unternehmen gekauft werden können. Es gibt auch eine Formel, um zu ermitteln, was diese Unternehmen wert sind. Sie ist ganz einfach.

Sobald wir eine große Differenz zwischen dem Preis und dem inneren Wert eines Unternehmens erkennen – zu unseren Gunsten natürlich –, bietet sich eine Kaufchance. Nehmen wir das Beispiel des amerikanischen Raumausstatters Bed Bath and Beyond (BBBY). Ich muss dabei allerdings einräumen, dass ich mich mit BBBY noch nie beschäftigt habe. Ich bin im Lauf der Jahre einige Male in einem Geschäft der Kette gewesen und habe diese Besuche in angenehmer Erinnerung behalten.

Derzeit liegt der Aktienkurs von BBBY bei 36 Dollar. Die Börsenkapitalisierung beträgt 10,7 Milliarden Dollar. BBBY wird also für 10,7 Milliarden Dollar zum Kauf angeboten. Wie hoch ist aber der innere Wert des Unternehmens?

Schauen wir uns einige Statistiken zu BBBY bei Yahoo Finance an. BBBY erzielte im Geschäftsjahr zum 28. Februar 2005 einen Jahresüberschuss von 505 Millionen Dollar. Die Investitionsausgaben lagen bei 191 Millionen Dollar und die Abschreibungen bei 99 Millionen Dollar. Grob überschlagen betrug der freie Cashflow etwa 408 Millionen Dollar netto.

Es sieht aus, als könnte BBBY die Umsatzerlöse um 15 bis 20 Prozent und den Jahresüberschuss um 25 bis 30 Prozent jährlich steigern. Es sieht auch so aus, als hätte es die Investitionsausgaben (Capex) im Jahr 2005 aufgestockt. Nehmen wir an, dass der freie Cashflow in den nächsten drei Jahren um 30 Prozent jährlich, in den folgenden drei Jahren um 15 Prozent jährlich und ein Jahr danach um 10 Prozent jährlich wächst. Ferner nehmen wir an, dass das Unternehmen am Ende des letzten Jahres für den 10- bis 15-fachen freien Cashflow zuzüglich eventueller Kapitalüberschüsse verkauft wird. BBBY weist derzeit liquide Mittel von etwa 850 Millionen Dollar aus (siehe Tabelle 7.3).

Tabelle 7.3: Optimistische Analyse des diskontierten Cashflows von Bed Bath and Beyond

Jahr	Freier Cashflow (in US-Dollar)	Barwert (in Mio. US-Dollar) des künftigen Cashflows
Überschüssige Liquidität		850
2006	523	475
2007	679	561
2008	883	663
2009	1016	693
2010	1168	725
2011	1343	758
2012	1478	758
2013	1625	758
2014	1787	758
2015	1967	758
2016	Verkaufspreis 29.500	11.373
Summe		19.130

Damit beträgt der innere Wert von BBBY etwa 19 Milliarden Dollar, während es für 10,7 Milliarden Dollar erhältlich ist. Es handelt sich also um ein ganz gutes Geschäft. Allerdings sind meine Annahmen dafür auch sehr optimistisch. Ich unterstelle dabei, dass das Unternehmen weder interne Krisen noch böse Überraschungen beim Verbraucherverhalten erlebt und die Umsatzerlöse und Cashflows im Laufe der Jahre sehr deutlich steigern kann. Wie würde die Rechnung mit vorsichtigeren Annahmen aussehen? Sie lässt sich mit jeder beliebigen Kombination von Annahmen durchführen. Die Zahlen für das Geschäftsjahr zum 28. Februar 2006 sind derzeit noch nicht veröffentlicht, aber sie liegen für einen 9-Monate-Zeitraum (bis November 2005) vor. Damit lassen sich die Zahlen vom November 2005 mit den Zahlen vom November 2004 vergleichen. Die Umsatzerlöse stiegen gegenüber dem Vergleichszeitraum von 3,7 Milliarden Dollar auf 4,1 Milliarden Dollar. Die Gewinne kletterten von 324 Millionen Dollar auf 375 Millionen Dollar.

Offensichtlich steigt der Umsatz jährlich nur um 10 Prozent, während das Ergebnis mit etwa 15 bis 16 Prozent schneller wächst. Wenn wir annehmen, dass das Ergebniswachstum um 1 Prozent jährlich zurückgeht – von 15 Prozent auf 5 Prozent – und der endgültige Verkaufspreis das Zehnfache des freien Cashflows von 2015 beträgt, stellt sich der innere Wert von BBBY wie in Tabelle 7.4 veranschaulicht dar.

Tabelle 7.4: Konservative Analyse des diskontierten Cashflows von Bed Bath and Beyond

Jahr	Freier Cashflow (in US-Dollar)	Barwert (in Mio. US-Dollar) des künftigen Cashflows
Überschüssige Liquidität		850
2006	469	426
2007	535	442
2008	604	454
2009	680	464
2010	751	466
2011	827	467
2012	901	462
2013	973	454
2014	1041	442
2015	1103	425
2016	Verkaufspreis 11.030	4.252
Summe		9.604

Der innere Wert beträgt bei diesen Annahmen 9,6 Milliarden Dollar. Die derzeitige Börsenkapitalisierung liegt bei 10,7 Milliarden Dollar. Mit dieser Investition würden wir also eine jährliche Rendite von etwas unter 10 Prozent erzielen. Wenn wir tatsächlich eine gute risikoarme Alternative mit einer Rendite von 10 Prozent hätten, wäre BBBY nun keine gute Geldanlage mehr. Welches aber ist der echte innere Wert von BBBY? Meiner Einschätzung nach liegt er irgendwo zwischen 8 und 18 Milliarden Dollar. Dabei habe ich angenommen, dass keine Verwässerung durch Aktienoptionen stattfindet, die den inneren Wert weiter senken würde.

Bei einem aktuellen Preis von rund 11 Milliarden Dollar und einer Bandbreite des inneren Werts zwischen 8 bis 18 Milliarden Dollar würde diese Anlage keine Begeisterung bei mir auslösen. Sie bietet wenig Vorteile, dafür aber eine realistische Chance, dass die Rendite unter 10 Prozent liegen wird. Die Entscheidung würde mir nicht schwerfallen.

Aber wir kommen vom Thema ab. Das Ziel dieser Übung lautet nicht herauszufinden, ob man in BBBY-Aktien investieren sollte. Vielmehr wollte ich zeigen, dass John Burr Williams' Definition des inneren Werts zwar sehr einfach klingt, die Berechnung des Werts eines vorhandenen Unternehmens aber in der Praxis gar nicht so simpel ist. Dabei handelt es sich bei BBBY meiner Meinung nach um ein Low-Tech-Unternehmen mit einem einfach verständlichen Geschäftsmodell. Und dennoch bewegt sich der innere Wert in einer so großen Schwankungsbreite.

Richtig kompliziert wird es bei einem Unternehmen wie etwa Google, das in den vergangenen Jahren ein spektakuläres Wachstum der Umsatzerlöse und des Cashflows hingelegt hat. Rechnen wir diese Steigerungen in die Zukunft hoch, scheint Google mit einem deutlichen Abschlag auf seinen zugrunde liegenden inneren Wert erhältlich zu sein. Aber wenn wir annehmen, dass das Tempo des Wachstums nachlassen wird und das Monopol auf sein Kerngeschäft, die Suchmaschinen, irgendwann geknackt werden dürfte – ob von Microsoft, Yahoo oder einem Neuling –, sieht das Bild schon ganz anders aus. Dann könnte die aktuelle Bewertung von Google durchaus um ein Vielfaches über dem inneren Wert liegen.

Der Dhandho-Grundsatz für die Bewältigung dieses Dilemmas ist denkbar einfach: Investieren Sie nur in Unternehmen, deren Geschäftsmodelle leicht zu durchschauen sind. Wählen Sie Unternehmen aus, bei denen Sie konservative Annahmen zu den künftigen Cashflows treffen können. Aber was bedeutet in diesem Zusammenhang einfach? Nun, die Einfachheit liegt im Auge des Betrachters.

Papa Patel kaufte ein Unternehmen mit einem leicht verständlichen Geschäftsmodell. Das Motel bestand schon seit langer Zeit, sodass er die

Umsätze, Cashflows und Gewinne vieler Jahre analysieren konnte. Mit einem solchen Datenmaterial war es nicht schwer, einen ungefähren Anhaltspunkt für die Cashflows zu gewinnen, die das Motel in Zukunft wahrscheinlich generierte. Auf der Grundlage der Daten und des Zustands des Gebäudes konnte Papa Patel auch recht zuverlässig abschätzen, welche Reparaturen und Investitionen in der Zukunft erforderlich sein würden.

Die Forderung nach Einfachheit ist ein sehr wirkungsvoller Gedanke. Henry Thoreau erkannte das, als er sagte: »Wir vergeuden unser Leben, weil wir uns verzetteln … was wir brauchen, ist Einfachheit.« Auch Einstein erkannte die Macht der Einfachheit. Sie war der Schlüssel für seine Durchbrüche in der Physik. Er erkannte die fünf aufsteigenden Ebenen des Intellekts: »klug, intelligent, brillant, genial, einfach.« Für Einstein war Einfachheit also die höchste Stufe des Intellekts. Auch der Anlagestil von Warren Buffett ist durch und durch von Einfachheit geprägt. Denker wie Einstein und Buffett, die sich auf die Einfachheit konzentrieren, behalten am Ende recht. Das Geniale an der Formel $E = mc^2$ ist ihre Einfachheit und Eleganz.

Auch die Dhandho-Philosophie ist sehr einfach und darin liegt ihre Macht. Wie wir in Kapital 15 noch sehen werden, beginnt die psychologische Kriegsführung mit unserem Gehirn eigentlich erst *nach* dem Kauf einer Aktie. Die stärkste Waffe in unserem Arsenal ist die, sehr einfache Unternehmen zu kaufen. Das Geschäftsmodell muss so einleuchtend sein, dass Sie sofort begründen können, warum Sie mit einem Investment wahrscheinlich viel Geld verdienen werden, während das Verlustrisiko niedrig ist. Mein Rezept lautet, die Argumente für ein Unternehmen schriftlich zusammenzufassen. Wenn ich dafür mehr als einen kurzen Absatz benötige, gibt es ein grundsätzliches Problem. Und wenn ich dazu Excel bemühen muss, ist das gleichbedeutend mit einer tiefroten Flagge, die mir signalisiert, mich von dieser Anlagechance fernzuhalten.

Kapitel 8

Dhandho-Lektion Nr. 3

Investieren Sie in Not leidende Unternehmen in Not leidenden Branchen

Die Vertreter der Theorie des effizienten Marktes sind der Ansicht, dass der Aktienkurs eines Unternehmens alle bekannten Informationen enthält. Folglich sehen sie wenig Sinn darin, wenn Wertpapieranalysten den inneren Wert eines Unternehmens herauszufinden versuchen. Wenn man auch die Reibungskosten mit berücksichtige, sei die Aktienselektion ein Spiel, bei dem es nicht nur keine Gewinner, sondern sogar Verlierer gebe. Lesen Sie, was Warren Buffett dazu meint:

> *Ich würde als Bettler auf der Straße sitzen, wenn die Märkte immer effizient wären.*[27]
>
> Warren Buffett

> *Wer in einen Markt investiert, von dessen Effizienz die Leute überzeugt sind, kann genauso gut Bridge mit jemandem spielen, der es für überflüssig hält, sich die Karten anzuschauen.*[28]
>
> Warren Buffett

Zu meinem großen Vorteil kamen von den Universitäten Zehntausende [von Studenten], denen beigebracht worden war, dass Denken nichts nütze.[29]

WARREN BUFFETT

Die derzeitigen Finanzseminare verhelfen Ihnen bestenfalls zu durchschnittlichen Ergebnissen.[30]

WARREN BUFFETT

Warren Buffett betreibt seit 56 Jahren Aktienselektion und hat damit aus dem Nichts ein Vermögen von über 40 Milliarden Dollar geschaffen. Dennoch stimme ich den Vertretern der Theorie eines effizienten Marktes im Wesentlichen zu. In den meisten Fällen reflektieren die Aktienkurse die zugrunde liegenden Fundamentaldaten. Der Versuch, die Abweichung der Kurse vom inneren Wert einer Aktie zu ermitteln, ist in der Regel tatsächlich Zeitverschwendung. Der Markt ist weitgehend effizient. Aber es besteht ein enormer Unterschied zwischen einem weitgehend effizienten Markt und einem vollkommen effizienten Markt. Genau dieser Unterschied ist dafür verantwortlich, dass Warren Buffett kein Straßenbettler ist.

Buffetts Brief an die Aktionäre von Berkshire Hathaway aus dem Jahr 1988 enthält einen hervorragenden Absatz über die Theorie des effizienten Marktes.[31] Ich empfehle die Lektüre dringend. Alle Aktionärsbriefe sind auf der Website von Berkshire Hathaway archiviert und enthalten einen wahren Schatz an Weisheiten. Buffett schrieb über die Effizienz der Märkte:

Aus der korrekten Beobachtung, dass der Markt häufig effizient ist, zogen [Akademiker und Wall-Street-Experten] die falsche Schlussfolgerung, dass er immer effizient sei. Der Unterschied zwischen diesen beiden Fakten ist aber wie der zwischen Tag und Nacht.[32]

WARREN BUFFETT

Die Märkte sind deshalb nicht vollständig effizient, weil ihr Preisbildungsmechanismus von Menschen gesteuert wird. Menschen schwanken zwischen extremer Angst und extremer Gier. Wenn eine ganze Gruppe von Menschen gerade sehr ängstlich ist, fallen die Preise unter den inneren Wert des jeweiligen Titels, während extreme Gier die Kurse auf Höhenflüge schickt.

Wenn ein Geschäftsinhaber die weitere Geschäftsentwicklung extrem pessimistisch sieht, unter Zukunftsängsten leidet und deshalb den Verkauf seines Unternehmens beschließt, wird er wahrscheinlich mehrere Monate für die Abwicklung dieser Transaktion benötigen. In der Zwischenzeit könnten sich die Umstände, die seine Angst verursachten, geändert haben oder – das ist noch wahrscheinlicher – er findet zu einer sachlicheren Sichtweise zurück. Auf dem Aktienmarkt hätte ein einzelner Anleger, den dieselbe Untergangsstimmung überkommen hätte, wahrscheinlich seine gesamte Position innerhalb weniger Minuten aufgelöst. Deshalb schwanken Aktienkurse stärker als ihr zugrunde liegender innerer Wert. Die menschliche Psychologie wirkt sich deutlich stärker auf den Kauf und Verkauf von Aktien als auf den Kauf und Verkauf ganzer Unternehmen aus.

Der Archetypus des Mr. Market, eine Schöpfung von Benjamin Graham, ist ein sehr hyperaktiver und launenhafter Charakter, der am Aktienmarkt agiert.[33] Alle paar Sekunden kauft und verkauft er winzige Anteile an mehreren Tausend Unternehmen. Der Preis, zu dem er kauft oder verkauft, beruht aber nicht auf dem inneren Wert der Aktien. Er hängt von seiner Laune ab. Stimmungsänderungen führen folglich unmittelbar zu Preisänderungen.

Die Preisbildungsmethode von Mr. Market könnte von der Art und Weise, wie Preise für den Verkauf ganzer Unternehmen festgelegt werden, nicht weiter entfernt sein. Beim sehr kurzfristigen Handel von Tausenden von Wertpapieren kommt es immer wieder vor, dass über einige Aktien schlechte Nachrichten in Umlauf gelangen. Dies erzeugt dann manchmal extreme Angst und veranlasst die Anleger zu einer vollständigen Auflösung ihrer Positionen. Aber am anderen Ende des Geschäfts sitzt ein Käufer, der diese schlechten Nachrichten ebenfalls kennt. Folglich kommt ein solcher Verkauf nur zu einem sehr niedrigen Preis zustande.

Papa Patel, Manilal und Mittal machten ein Vermögen mit dem Kauf Not leidender Unternehmen. Meist traten sie dann auf den Plan, wenn es gerade der ganzen Branche sehr schlecht ging – etwa der Motelbranche nach dem 11. September oder der krisengeschüttelten Stahlbranche in den 80er- und 90er-Jahren. Wir haben ihnen gegenüber den Vorteil eines weit größeren Spielfelds: Es gibt Tausende von Aktien, deren Kurse den ganzen Tag steigen oder fallen. Wir müssen lediglich das Universum der infrage kommenden Unternehmen auf diejenigen eingrenzen, deren Geschäftsmodell wir durchschauen und die sich in einer Notlage befinden.

Wie aber finden wir solche Unternehmen oder Branchen? Aus der Fülle der Quellen seien für den Einstieg die folgenden sechs genannt:

1. Die Wirtschaftspresse enthält zahlreiche Meldungen und Informationen über börsennotierte Unternehmen. Viele dieser Artikel berichten über die Schwierigkeiten, mit denen bestimmte Unternehmen oder Branchen kämpfen. So brach die Tyco-Aktie ein, als der Skandal um Dennis Kozlowski in aller Munde war. Als Martha Stewart zu einer Gefängnisstrafe verurteilt wurde, versetzte dies auch dem Aktienkurs einen schweren Dämpfer. In noch jüngerer Vergangenheit schickten die Ermittlungen des New Yorker Generalstaatsanwalts Mr. Spitzer gegen die Steuerberatungskette H & R Block deren Aktienkurs auf Talfahrt. All dies war in den großen Wirtschaftszeitungen nachzulesen.

2. Das Finanzforschungsinstitut Value Line veröffentlicht wöchentlich eine Zusammenfassung der Aktien, die in den vergangenen 13 Wochen am meisten Wert verloren haben. Auch diese Informationen sind hervorragende Indikatoren für Notlagen. Die Liste von 40 Aktien vermeldet regelmäßig Kursrückgänge von 20 bis 70 Prozent für den Zeitraum. Die Aktien mit den stärksten Rückgängen sind wahrscheinlich diejenigen, die unter den größten Schwierigkeiten leiden.

Außerdem veröffentlicht das Institut eine wöchentliche Zusammenfassung der Aktien mit dem niedrigsten Kurs-Gewinn-Verhältnis (KGV), dem größten Abschlag auf den Buchwert, dem höchsten Dividendenertrag und weiteren Kennzahlen. Natürlich befinden sich nicht alle diese Unternehmen in einer Krise, aber wenn ein Unternehmen mit einem KGV von 3 gehandelt wird, sollte dies zu genauerem Hinschauen veranlassen.

3. Unter der Bezeichnung *Portfolio Reports* (www.portfolioreports.com) werden monatlich die zehn letzten Aktienkäufe von 80 der besten Value-Manager aufgeführt. Die Informationen stammen aus den Berichten, zu deren Einreichung die institutionellen Anleger gesetzlich verpflichtet sind. In *Portfolio Reports* lassen sich die Kaufmuster von Lichtgestalten wie Seth Klarman von Baupost, Lou Simpson von GEICO, Marty Whitman von Third Avenue, Peter Cundill von der Cundill Group, Bruce Sherman von Private Capital Management und Warren Buffett nachvollziehen. Diese Anlagemanager konzentrieren sich nicht ausschließlich auf Krisensituationen, sondern auf den Wert einer Aktie. Krisensituationen sind jedoch ein Teilaspekt des Value Investing, sodass einige ihrer Anlageentscheidungen auch in der Kategorie der Not leidenden Unternehmen getroffen werden.

4. Wenn Sie die Kosten für den Bezug von *Portfolio Reports* scheuen, können Sie viele dieser Informationen auch in den veröffentlichten Berichten nachlesen (etwa Formular 13-F bei der US-Wertpapieraufsichtsbehörde SEC), die institutionelle Anleger regelmäßig vorlegen müssen. Sie sind über das EDGAR System (http://access.edgar-online.com) zugänglich. Auch unter www.nasdaq.com steht ein großer Teil der Daten in komprimierter Form zur Verfügung. Geben Sie auf der Startseite von Nasdaq.com das Tickersymbol irgendeiner Aktie ein, in die einer der großen Value-Manager vermutlich investiert hat. Ich weiß beispielsweise, dass Marty Whitman von Third Avenue jahrelang eine Position in Tejon Ranch (TRC) hielt. Geben Sie also TRC ein und klicken Sie auf »InfoQuotes«, dann

auf »Holdings/Insider« und auf »Total Number of Holders«. Nun klicken Sie »Third Avenue Management« und Sie erhalten eine Liste praktisch aller Investments von Third Avenue in US-Aktien. Sie können auch über Google suchen. Wenn Sie beispielsweise »Longleaf 13F« in das Suchfeld eingeben, erhalten Sie Links zu vielen Beteiligungen. Sie können mit jedem Ticker auf Nasdaq.com auf praktisch alle US-Beteiligungen zugreifen.

5. Auch ein Blick auf den Value Investors Club lohnt sich (VIC; www.valueinvestorsclub.com). Diese sehr nützliche Website geht auf eine Idee von Joel Greenblatt von Gotham Capital zurück und wird von ihm verwaltet. Greenblatt weist mit einer jährlichen Gesamtrendite von 40 Prozent die vielleicht weltweit beste nachweisliche Erfolgsbilanz eines ohne Einsatz von Fremdmitteln arbeitenden Anlegers vor. Wir beschäftigen uns an späterer Stelle noch näher mit Greenblatt und seiner Dhandho-Methode. Der Value Investors Club hat etwa 250 Mitglieder, von denen jedes einzelne erst nach Präsentation einer guten Anlageidee aufgenommen wurde. Die Mitglieder müssen jährlich mindestens zwei Ideen vorlegen. Die Qualität dieser Ideen ist durchaus akzeptabel, weil sie von den anderen Mitgliedern bewertet wird. Präsentiert ein Mitglied offensichtlich schlampig recherchierte Vorschläge, riskiert er den Verlust seiner Privilegien als Klubmitglied. Jede Woche wird die beste Idee von der Geschäftsleitung des Value Investors Club beurteilt und mit 5000 Dollar ausgezeichnet. Der Hauptvorteil der Mitgliedschaft besteht darin, Zugang zu solchen Ideen zu haben und dann sofort reagieren zu können. Als Gastmitglied haben Sie die Möglichkeit, mit einer Verzögerung von zwei Monaten auf dieselben Inhalte zuzugreifen. Es lohnt sich wirklich, VIC auf der Suche nach Unternehmen in der Krise durchzusehen. Beginnen Sie mit den Ideen, die am besten bewertet wurden, und arbeiten Sie sich dann nach unten.

6. Als letzte, aber bestimmt nicht unwichtigste Informationsquelle sei *Börsen-Zauberformel* von Joel Greenblatt genannt. Besuchen Sie

nach Lektüre des Buches www.magicformulainvesting.com. So wie bei *Portfolio Reports* oder beim Value Investors Club befinden sich nicht alle Aktien auf dieser Website gerade in der Krise, aber doch sehr viele. Wir gehen an späterer Stelle noch näher auf Greenblatts »Zauberformel« ein.

All diesen Quellen sind unzählige Hinweise auf Unternehmen in der Krise zu entnehmen, die eine nähere Untersuchung lohnen. Wie soll man da einen Überblick gewinnen? Das ist gar nicht möglich. Sortieren Sie deshalb alle Unternehmen aus, die entweder kein leicht durchschaubares Geschäftsmodell haben oder sich vollkommen Ihrem Verständnis entziehen. Am Ende bleibt eine Handvoll einfach verständlicher Unternehmen in einer Krisensituation übrig. Nun können Sie die restlichen Eckpunkte der Dhandho-Philosophie auf diese ausgewählte Gruppe anwenden.

Kapitel 9

Dhandho-Lektion Nr. 4

Investieren Sie in Unternehmen mit einem dauerhaften Wettbewerbsvorteil

In dem Arbitrage-Beispiel mit dem Friseursalon gibt es zunächst nur einen Friseur in der Stadt. Dieser kann folglich höhere Preise als seine Kollegen in den benachbarten Städten verlangen und überdurchschnittliche Gewinne erzielen. Im Kapitalismus herrscht Gier und deshalb eröffnen weitere Friseure, die von den paradiesischen Zuständen in Stadt C erfahren haben, einen Salon. Bald hat sich der Preis für einen Haarschnitt in der Stadt an die andernorts üblichen Preise angeglichen.

Im Kapitalismus versucht jeder, alle Chancen zu nutzen, um überdurchschnittliche Gewinne zu erzielen. Paradoxerweise werden dadurch diese überdurchschnittlich guten Chancen im Laufe der Zeit vernichtet. Dennoch warten immer wieder Unternehmen mit einem Geheimrezept für dauerhaft hohe Gewinne auf. Nehmen Sie das Beispiel eines meiner Lieblingsrestaurants, das »Chipotle«. Fast immer muss ich mich in eine lange Warteschlange an der Tür einreihen, bis ich dort an einen Tisch geführt werde. Obwohl es in Südkalifornien eine große Auswahl an mexikanischen Restaurants gibt, bleibe ich Chipotle treu. Warum ist das so? Es liegt an den frischen, hochwertigen Zutaten, an dem leckeren Essen, am Ambiente und auch daran, dass ich genau bestimmen kann, wie viel ich wovon bestellen möchte.

Alle anderen Inhaber von mexikanischen und anderen Fast-Food-Restaurants kennen das Chipotle-Phänomen genau. Sie hassen es und möchten ihm etwas entgegensetzen, aber es gelingt ihnen nicht – zumindest nicht so leicht. Chipotle kopieren zu wollen, wäre eine enorm schwere Aufgabe. Ganz bestimmt werden es viele versuchen und am Ende werden manche auch erfolgreich sein, aber bis dahin dürfte Chipotle noch über Jahre hinaus florieren. Und auch wenn weitere Mitspieler auf den Markt kommen, dürften sie eher anderen Restaurants als jenen der Chipotle-Kette die Kunden abspenstig machen.

Innerhalb von nur 13 Jahren wurde aus dem Nichts eine Fast-Food-Kette mit mittlerweile 500 Restaurants geschaffen. Ein weiteres Wachstum um das Zehnfache oder noch mehr ist gut vorstellbar, ganz zu schweigen von den Expansionschancen im Ausland. Chipotle hat sozusagen einen breiten Burggraben um sich herum geschaffen. Dieser Graben sorgt dafür, dass Kunden wie ich dem Restaurant trotz langer Wartezeiten die Treue halten. Er ermöglicht es Chipotle, überdurchschnittliche Gewinne zu erzielen. Soweit ich es beurteilen kann, wird das auch so bleiben – zumindest im nächsten Jahrzehnt oder sogar darüber hinaus.

Es gibt noch viele andere Unternehmen mit einem so breiten Burggraben: American Express, Coca-Cola, H & R Block, Citigroup, BMW, Harley-Davidson, WD-40, Nabisco's Oreo Cookies – die Liste ist endlos. Dann gibt es auch genügend Beispiele für Unternehmen mit sehr flachen oder nicht vorhandenen Burggräben. Beispiele sind Delta Airlines, General Motors, Cooper Tires, Encyclopedia Britannica oder Gateway Computers.

Manchmal ist der Burggraben nicht auf den ersten Blick erkennbar. Schauen Sie sich beispielsweise den Ölkonzern Tesoro an. Die Ölraffinerie ist ein Massengeschäft, bei dem Tesoro keine Kontrolle über den Preis seines wichtigsten Rohstoffs, des Rohöls, hat. Ebenso wenig hat es eine Kontrolle über das wichtigste Fertigerzeugnis, den Kraftstoff.

Dennoch hat sich der Konzern einen sehr nützlichen Graben gebaut. Die Raffinerien von Tesoro liegen nämlich hauptsächlich an der Westküste und in Hawaii. Mit der Raffinerie an der Westküste lassen sich beste Geschäfte machen, denn in den vergangenen 20 Jahren wurde keine neue Raffinerie mehr in den Vereinigten Staaten gebaut. Ihre Zahl ist in diesem Zeitraum von 220 auf 150 gesunken, während die Nachfrage nach Öl um 2 Prozent jährlich gestiegen ist. Eine durchschnittliche US-Raffinerie wird mit über 90 Prozent der Kapazität betrieben. Immer wenn die Nachfrage anzieht, eskalieren die Margen, weil die Kapazitäten nicht ausreichen.

Die Raffinerien an der Westküste verfügen auch deshalb über einen breiten Burggraben, weil die staatlichen Regelungen der US-Umweltschutzbehörde in Kalifornien und Hawaii sehr streng sind und besondere Anforderungen an das Endprodukt stellen. Mit den Raffinerien an der Westküste und in Hawaii lassen sich überdurchschnittliche Margen erzielen. Eine texanische Ölraffinerie kann den kalifornischen Markt nicht ohne Weiteres bedienen, während dies für eine Raffinerie in Kalifornien problemlos möglich ist. Deshalb verfügt Tesoro also über einen großen Heimvorteil. Wie bei diesem Beispiel sind auch bei den meisten anderen Unternehmen die Burggräben – oder Wettbewerbsvorteile – nicht auf den ersten Blick erkennbar. Man muss schon genauer hinschauen, um hinter ihr Geheimnis zu kommen.

Woran erkennen wir, ob ein Unternehmen einen versteckten Burggraben hat und worauf dieser zurückgeht? Die Antwort ergibt sich normalerweise aus dem Jahresabschluss. Gute Unternehmen mit soliden Wettbewerbsvorteilen erzielen hohe Renditen auf das eingesetzte Kapital, so wie der Friseur in unserem Beispiel. Aus der Bilanz wird ersichtlich, wie viel Kapital im Unternehmen eingesetzt wird. Die Gewinn-und-Verlust-Rechnung und die Kapitalflussrechnung geben Auskunft darüber, welcher Gewinn mit diesem Kapital erwirtschaftet wird. Wenn die Eröffnung eines Chipotle-Restaurants 700.000 Dollar kostet und das Restaurant dann jährlich 250.000 Dollar an freiem Cashflow erzeugt, ist das ein sehr gutes Geschäft. Mit diesem Cashflow könnte alle drei Jahre ein weiteres Chipotle eröffnet werden. Werden dann noch

Franchise-Rechte vergeben, steigt die Rendite auf das investierte Kapital noch einmal um ein Vielfaches.

In der ganzen Menschheitsgeschichte haben Herrscher versucht, gut befestigte Burgen mit immer breiteren und tieferen Burggräben zu bauen. Aber marodierende Eindringlinge ließen sich nicht abschrecken, sondern verbesserten ihrerseits unaufhörlich die Werkzeuge, Techniken und Armeen, um die Burgen einzunehmen. Es ist praktisch ein Naturgesetz, dass eine Burg, auch wenn sie noch so gut befestigt und von einem tiefen Graben voller Haie oder Piranhas umgeben ist, irgendwann ihren Angreifern zum Opfer fällt. In der gesamten Geschichte sind jede große Zivilisation und jedes Königreich irgendwann untergegangen.

Die oben erwähnten Unternehmen, die nur kleine oder gar keine Burggräben haben – Delta, Gateway, General Motors –, verfügten in der Vergangenheit einmal über sehr beachtliche Verteidigungsanlagen. Diese verschwanden jedoch im Laufe der Zeit, so wie auch die wehrhafteste Burg irgendwann dem Feind in die Hände fällt. Charlie Munger sieht das so:

> *Von den 50 wichtigsten Aktien an der NYSE im Jahr 1911 ist heute nur noch eine übrig geblieben, nämlich General Electric … So stark sind die Kräfte der Wettbewerbsvernichtung. Die Geschichte zeigt, dass die Chancen eines Unternehmens, langfristig zu überleben und dabei auch noch die Aktionäre zu beglücken, bestenfalls gering sind.*[34]
>
> Charlie Munger

Einen dauerhaften Burggraben gibt es nicht. Selbst scheinbar unbesiegbare Unternehmen wie Ebay, Google, Microsoft, Toyota und American Express werden irgendwann untergehen und verschwinden. Einige Burggräben sind allerdings dauerhafter als andere. Wells Fargo und American Express wurden vor über 150 Jahren gegründet und verfügen erstaunlicherweise noch heute über starke Wettbewerbsvorteile. Nebenbei gesagt wurden American Express und Wells Fargo auch von derselben Person, nämlich Henry Wells, gegründet.

Aber hier liegt auch das Dilemma: Hätten Sie vor einem Jahrhundert Aktien ausgewählt, wäre es praktisch unmöglich gewesen, gerade diese beiden als diejenigen mit den besten Erfolgsaussichten zu erkennen. Die Chancen stehen sehr hoch, dass selbst die am besten ausgewählten Aktien irgendwann von der Bildfläche verschwinden.

Im Jahr 1997 schrieb Arie de Geus ein faszinierendes Buch mit dem Titel *The Living Company.*[35] Geus untersuchte die Lebenserwartung von Unternehmen aller Größen und stellte zu seiner großen Überraschung fest, dass das durchschnittliche *Fortune*-500-Unternehmen eine Lebenserwartung von nur 40 bis 50 Jahren hatte. Es dauert aber schon etwa 25 bis 30 Jahre, bis ein erfolgreiches Unternehmen den Sprung in die *Fortune*-500-Liste schafft. Wie Geus feststellte, sind viele Blue Chips weniger als 20 Jahre später bereits von der Bildfläche verschwunden. Das durchschnittliche *Fortune*-500-Unternehmen hat den Zenit seines Erfolgs also bereits überschritten, wenn es in die Liste aufgenommen wird.

Auch Unternehmen mit dauerhaften Wettbewerbsvorteilen können sich nicht darauf verlassen, dass sie ewig bestehen. Verwendet man John Burr Williams' Formel für den inneren Wert, müssen wir die Anzahl der Jahre beschränken, in denen ein Unternehmen voraussichtlich floriert. Am besten begrenzen wir den Zeitraum für die Berechnung der diskontierten Cashflows auf höchstens zehn Jahre oder wir gehen davon aus, dass ein Verkauf im zehnten Jahr für höchstens das 15-Fache des Cashflows zum entsprechenden Zeitpunkt erfolgen wird (zuzüglich des überschüssigen Kapitals im Unternehmen).

Kapitel 10

Dhandho-Lektion Nr. 5

Platzieren Sie nur wenige Wetten, die umso höhere Gewinne versprechen

Nehmen wir an, Sie könnten die folgenden Gewinnwahrscheinlichkeiten bei einem Wetteinsatz von einem Dollar erwarten:

- Die Chancen eines Gewinns von 21,00 Dollar liegen bei 80 Prozent.
- Die Chancen eines Gewinns von 7,50 Dollar liegen bei 10 Prozent.
- Die Chancen eines Totalverlustes liegen bei 10 Prozent.

Nehmen wir weiterhin an, dass Sie 10.000 Dollar in der Tasche hätten und so viel setzen dürften, wie Sie wollen. Welchen Betrag von den 10.000 Dollar würden Sie für diese Wette riskieren? Die Antwort lautet natürlich nicht 10.000 Dollar, da es immerhin eine Chance von 10 Prozent gibt, im Armenhaus zu landen. Aber wenn Sie nur einen Dollar setzen, sind Sie zu vorsichtig und haben keinen wirklichen Grund zur Freude, selbst wenn Sie gewinnen.

Zum Glück dachte vor genau 50 Jahren ein Forscher bei Bell Labs in New Jersey, John Larry Kelly Jr., über diese Frage nach und veröffentlichte seine Ergebnisse. Kelly erfand die heute als Kelly-Formel bekannte Formel. Nach seinen Berechnungen lässt sich der Anteil Ihres Geldes, den Sie auf eine günstige Wette setzen sollten, wie folgt ermitteln:

Vorteil/Gewinnwahrscheinlichkeit =
Teil Ihres Kapitals, den Sie bei jeder Wette einsetzen sollten

Es gibt ein hervorragendes Buch von William Poundstone mit dem Titel »*Die Formel des Glücks*«[36], das sich zu lesen lohnt. Poundstone beschreibt darin die Kelly-Formel auf gut verständliche Weise. Auch Michael Mauboussin von Legg Mason schrieb jüngst einen Artikel[37] über die Kelly-Formel und verwendete das folgende Beispiel: Wie hoch sollte der Wetteinsatz sein, wenn Sie eine Münze werfen und bei Kopf zwei Dollar gewinnen, bei Zahl aber einen Dollar verlieren?

Nach der Kelly-Formel beträgt der Vorteil 0,50 Dollar [(0,5 × 2 Dollar) + (0,5 × –1 Dollar)]. Der Vorteil entspricht Ihrem eventuellen Gewinn, also 2 Dollar. Nach der Kelly-Formel sollten Sie folglich bei jeder Wette 25 Prozent (0,50 Dollar / 2 Dollar) Ihres Kapitals einsetzen. Im ersten Beispiel beträgt der Vorteil 17,45 Dollar [(0,8 × 21 Dollar) + (0,1 × 7,50 Dollar) + (0,1 × –1 Dollar)]. Der Vorteil entspricht dem maximal möglichen Gewinn, also 21 Dollar. Aus der Formel ergibt sich, dass Sie 17,45 Dollar / 21 Dollar oder etwa 83 Prozent Ihrer Mittel von 10.000 Dollar einsetzen sollten, also 8300 Dollar.

Papa Patel hatte vermutlich nie von der Kelly-Formel gehört. Wie in Kapitel 1 erwähnt setzte Papa Patel mit seiner Investition von 5000 Dollar in sein erstes Motel praktisch alles auf diese eine Anlage. Die Gewinnwahrscheinlichkeit im obigen Beispiel entspricht ungefähr derjenigen, die Papa Patel damals hatte. In der Realität jedoch war Papa Patel bei seiner Wette vorsichtiger, als es die Kelly-Formel nahelegte, denn er setzte nur 50 Prozent seines Kapitals ein. Er besaß 5000 Dollar, über die er sofort verfügen konnte, und setzte diese ein. Aber er hatte ja noch einen Trumpf im Ärmel – nämlich die Möglichkeit, jederzeit wieder eine Stelle anzunehmen, 5000 Dollar zu sparen und es in einigen Jahren noch einmal zu versuchen. Natürlich hätte er das nicht besonders oft tun können, denn jedes Mal wäre er ein wenig älter und von den bitteren Erfahrungen frustrierter gewesen. Aber da die Dhandho-Philosophie so tief in seiner Psyche verwurzelt war, ging er im Grunde zwei Wetten ein. Er setzte 50 Prozent seines Kapitals auf die erste Wette. Gewann er diese, war eine zweite Wette überflüssig. Verlor er, versuchte er es eben ein zweites Mal.

Der Gewinn der Wette änderte sein ganzes Leben. Seine Familie wohnte nicht mehr im Motel, stellte Hilfskräfte ein und konnte ein noch größeres Motel kaufen. Wenn Papa Patel jetzt ein weiteres Motel gekauft hätte (und somit seine zweite Wette eingegangen wäre), hätte er einen geringeren Anteil an seinem Kapital eingesetzt, weil die Chancen nicht mehr so gut standen. Selbst wenn nur eine Wahrscheinlichkeit von 50 Prozent bestand, eine Rendite von 200 Prozent zu erzielen, und wenn die Wahrscheinlichkeit eines Totalverlusts 50 Prozent betrug, hätte er nach der Kelly-Formel 25 Prozent seines Kapitals einsetzen sollen.

In der Vergangenheit waren die Chancen in der Motelbranche sogar deutlich höher als oben dargestellt. Die Wahrscheinlichkeit, das Spiel zu verlieren, lag vermutlich deutlich unter 25 Prozent und die Wahrscheinlichkeit eines Totalverlustes deutlich unter 5 Prozent. Die Patels scheuten nicht davor zurück, einen Teil ihres Kapitals auf diese verlockenden Chancen zu setzen, als sie ihre zweite und dritte Wette und die späteren Wetten eingingen. Sie hatten noch nie etwas von Kelly und seiner Formel gehört, aber es erschien ihnen aus Sicht der Dhandho-Philosophie sehr einleuchtend. Das Resultat: Heute besitzen sämtliche Patels Motels im Wert von über 40 Milliarden Dollar, sie zahlen jährlich über 725 Millionen Dollar Steuern und beschäftigen fast eine Million Menschen. In einer Rede an der Marshall School of Business der University of Southern California sagte Charlie Munger:

> *Die Klugen setzen viel ein, wenn die Welt ihnen die Chance dazu gibt. Sie riskieren hohe Einsätze, wenn die Chancen gut stehen. Und für den Rest der Zeit tun sie es nicht. So einfach ist das.*[38]
>
> CHARLIE MUNGER

Papa Patel, Manilal, Mittal und der Verfasser dieser Zeilen waren immer darauf bedacht, nur sehr wenige Wetten einzugehen, bei denen aber viel zu gewinnen war. Sie ließen sich nur dann auf das Spiel ein, wenn die Chancen deutlich auf ihrer Seite waren. Die Begriffe aus dem Wettgeschäft sind deshalb bewusst gewählt. Denn wer vor der Aufgabe steht, Kapital auf verschiedene Anlagemöglichkeiten zu verteilen, muss sich mit Wahrscheinlichkeiten auseinandersetzen. Ein Geschäftsmodell, das ganz offensichtlich auf Wahrscheinlichkeiten beruht, ist das Kasino. Blackjack-Kenner wissen, dass sich ihre Chancen mit jeder Karte, die ausgegeben wird, ändern. Sie versuchen andauernd herauszufinden, wann ihre Chancen gut stehen, und bemessen daran ihre Einsätze.

So wie Blackjack heutzutage in Kasinos gespielt wird, stehen die Chancen insgesamt deutlich auf der Seite der Spielbank. Deshalb würde ich Blackjack in einem Kasino als sichere Methode der Kapitalvernichtung betrachten. (Ich gebe zu, dass mich das bisher nicht abhalten konnte.) Aber das war nicht immer so. In den 60er-Jahren führte ein Mathematikprofessor am MIT, Ed Thorp, auf den Rechnern des MIT zahlreiche Berechnungen durch, um ein optimiertes Blackjack-Spiel zu entwickeln. Thorp bezeichnete das optimale Ausspielen der Karten als Basic Strategy und schrieb seinen Bestseller *Beat the Dealer*[39], der noch heute als Klassiker gilt. Weltweit verlassen sich Blackjack-Spieler auf Basic Strategy, um ihre Chancen zu optimieren.

In den 60er-Jahren konnte man in den Kasinos Blackjack mit einem einzigen Kartenpaket spielen, das vollständig ausgegeben wurde. Thorp rechnete aus, dass man als Spieler durch Mitzählen der Karten vorteilhafte Zusammensetzungen des Kartenstapels erkennen und in diesen Fällen einen höheren Einsatz riskieren konnte. Mithilfe der Kelly-Formel ermittelte er dann, welchen Anteil seines Kapitals ein Spieler jedes Mal einsetzen sollte, je nachdem, wie günstig die Chancen waren. Enthielt der Kartenstapel beispielsweise überdurchschnittlich viele Zehner und Asse, befand sich der Spieler im Vorteil. Standen die Chancen 52:48 für den Spieler, sollte er nach der Kelly-Formel 4 Prozent seines Kapitals einsetzen. Genau dasselbe wollte Thorp tun.

Denn er betrachtete seine Berechnungen nicht als akademische Übung. Thorp begann, die Kasinos in Nevada zu besuchen, und räumte ab. Die Kasinos kamen nicht dahinter, warum er ständig gewann. Aber als immer mehr Goldgräber ihre Tische stürmten, grübelten sie nicht mehr weiter. Sie erteilten Thorp kurzerhand Hausverbot und stellten ihm einen unangenehmen Empfang in Aussicht, sollte er auf den Gedanken kommen zurückzukehren.

Als Thorp *Beat the Dealer*[40] veröffentlichte, stürzten sich Spieler weltweit auf das Buch. Natürlich lasen auch die Kasinobetreiber das Buch und änderten nach der Lektüre schleunigst die Spielregeln für Blackjack. In den vergangenen vier Jahrzehnten wurden immer neue Regeln eingeführt. Nach jeder Änderung ersann jemand eine Methode, sie zu unterlaufen. Die Kasinos kamen ihm auf die Schliche und beschlossen eine weitere Regeländerung. Heute wird Blackjack in den meisten Kasinos mit sechs bis acht Kartenpaketen gespielt. Die Kartenstapel werden nicht mehr bis zum Ende gespielt und »Pit Bosses« beobachten die Spieltische wie Habichte. In manchen Kasinos werden die benutzten Karten sofort wieder in den Kartenschlitten gelegt, sodass nie eine über- oder durchschnittlich hohe Anzahl bestimmter Karten im Stapel vorhanden ist.

Thorp dachte über diese Änderungen (sowie die ständigen Drohungen) nach und beschloss, seine Talente lieber in einem Kasino zu entfalten, in dem:

- es keine Tischlimits gab,
- die Gewinnchancen deutlich höher waren,
- der Betreiber auch dann ein zivilisiertes Verhalten an den Tag legte, wenn er Verluste hinnehmen musste,
- und der Mob nicht das Kasino stürmte.

Tatsächlich fand er in der New Yorker Börse (NYSE) und dem neuen Markt für Optionen ein solches Kasino. Es wird gemunkelt, dass Thorp schon Jahre vor Black und Scholes eine ähnliche Formel wie die nach den beiden Forschern benannte entwickelte. Er beschloss jedoch, seine Erkenntnisse nicht zu veröffentlichen. Die Black-Scholes-Formel ist für den Optionenmarkt das, was Basic Strategy für Blackjack ist. Anhand dieser Formel wird der Preis einer Option ermittelt. Da Thorp mit diesem neuen Wissen alleine war, konnte er unterbewertete Optionen kaufen und überbewertete Optionen verkaufen – und verdiente sich eine goldene Nase daran.

Thorp gründete einen Hedgefonds mit der Bezeichnung Princeton-Newport Partners. Im Laufe von 20 Jahren erzielte der Professor jährliche Renditen von 20 Prozent bei extrem niedriger Volatilität. Zu den Interessenten seines Fonds gehörte auch der Schauspieler Paul Newman. Newman fragte Thorp einmal, wie viel er als berufsmäßiger Blackjack-Spieler verdienen würde. Thorp hatte sein Spielertalent noch nicht verloren und gab einen Betrag von etwa 300.000 Dollar jährlich an. Daraufhin wollte Newman wissen, warum er dann nicht im Kasino arbeite. Thorp klärte ihn auf, dass ihm die Kasinos der New Yorker Börse und des Optionenmarktes über sechs Millionen Dollar jährlich einbrachten, und das bei minimalem Risiko. Warum sollte er da 300.000 Dollar nachjagen und auch noch ein Risiko für Leib und Leben eingehen?[41]

Bei einer Geldanlage gibt es keine sichere Wette. Selbst das solideste Blue-Chip-Unternehmen kann nicht garantieren, dass es auch morgen noch im Geschäft ist. Bei der Geldanlage geht es nur um die Gewinnwahrscheinlichkeit – wie beim Blackjack. Thorp ist das anschaulichste Beispiel für einen Menschen, der diese Konzepte verstanden und umgesetzt hat. Er tätigte seine Wetteinsätze über Jahrzehnte in der Spielbank wie an der Wall Street und strich an beiden Fronten hübsche Gewinne ein. Er schuf für sich und seine Anleger ein großes Vermögen. Wenn ein Anleger an den Aktienmärkten investiert, muss er dieselbe Einstellung wie Thorp beim Blackjack an den Tag legen: Sobald die Chancen deutlich auf seiner Seite stehen, sollte er einen hohen Einsatz wagen.

Nehmen wir an, dass Sie sich mit den Dhandho-Grundsätzen beschäftigt und ein vorhandenes börsennotiertes Unternehmen mit einem einfachen Geschäftsmodell gefunden haben. Da es sich gerade in Schwierigkeiten befindet, ist der Aktienkurs in den Keller gefallen. Aber das Beste daran ist Folgendes: Das Unternehmen verfügt über einen schönen, breiten Burggraben. Sie verstehen etwas vom Geschäft und können seinen derzeitigen inneren Wert ebenso wie den Wert in zwei bis drei Jahren bestimmen. Nach Ihren Erkenntnissen beträgt der aktuelle Aktienkurs weniger als die Hälfte des erwarteten inneren Werts in zwei bis drei Jahren.

Welche Faktoren können nun bewirken, dass Ihre Aktien innerhalb möglichst weniger Jahre zu ihrem inneren Wert notiert werden? Senator William Fulbright stellte sich diese Frage ebenfalls und wollte von Benjamin Graham in einem der interessanteren Momente einer Anhörung des Banken- und Handelsausschusses des US-Senats am 11. März 1955 Folgendes wissen:

> ***Fulbright:* Bitte gestatten Sie nur noch eine Frage. Nehmen wir an, dass Sie ein Unternehmen finden, dessen Aktienkurs bei 10 Dollar liegt, obwohl die Aktie Ihrer Meinung nach 30 Dollar wert ist.**
>
> **Also bauen Sie eine Position auf. Aber den erhofften Gewinn können Sie erst dann tatsächlich erzielen, wenn sehr viele andere Menschen ihr ebenfalls einen Wert von 30 Dollar zutrauen. Wie wird das bewirkt – etwa durch Werbung? Was muss geschehen, damit eine unterbewertete Aktie zu ihrem eigentlichen Wert am Markt gehandelt wird?**
>
> ***Graham:* Das zählt zu den Mysterien unseres Geschäfts und stellt für mich wie für alle anderen Menschen ein Rätsel dar. Wir wissen lediglich aus Erfahrung, dass sich der Markt irgendwann bei dem Kurs einpendelt, der dem Wert der Aktie entspricht.**[42]

Auch bei einschneidenden, beunruhigenden Ereignissen wie dem 11. September oder dem Überfall auf Pearl Harbor können die Aktienkurse kurzfristig absacken, aber die Erfahrung zeigt, dass sie sich im Lauf der Zeit wieder erholen. Tabelle 10.1 zeigt das sehr anschaulich.

Alle neun in Tabelle 10.1 dargestellten Ereignisse bewirkten innerhalb weniger Tage oder Wochen einen Rückgang des Dow-Jones-Index in zweistelliger Höhe. Aber bereits wenige Monate später hatte der Index die Rückschläge zum größten Teil oder sogar vollständig wieder aufgeholt. Ein ähnliches Muster ist auch bei plötzlichen Unternehmenskrisen zu beobachten. Beispiele dafür sind die Zyanid-Vergiftung beim Medikament Tylenol, die Ölkatastrophe der Exxon Valdez vor der Küste Kanadas oder der »Salatölbetrug«, der American Express in den 60er-Jahren so schadete. All diese Krisen bewirkten abrupt drastische Rückgänge, weil Panik und Angst die Oberhand gewannen. Wenn sich jedoch im Lauf der Zeit wieder die Vernunft durchsetzte, erholten sich die Kurse wieder.

Tabelle 10.1: Rückgang und Erholung des Dow-Jones-Index für Industriewerte (DJIA) nach Krisensituationen

		DJIA Verlust	**DJIA Zuwachs in %**		
			Tage nach dem Beobachtungszeitraum		
Ereignis	Zeitraum der Beobachtung	Gewinn/Verlust (in Prozent)	22	63	126
Einnahme Frankreichs	09.05.1940–22.06.1940	–17,1	–0,5	8,4	7,0
Koreakrieg	23.06.1950–13.07.1950	–12,0	9,1	15,3	19,2
USA bombardieren Kambodscha	29.04.1970–26.05.1970	14,4	9,9	20,3	20,7
Arabisches Ölembargo	18.10.1973–05.12.1973	–17,9	9,3	10,2	7,2
Rücktritt Nixons	09.08.1074–29.08.1974	–15,5	–7,9	–5,7	12,5
Von den Gebrüdern Hunt ausgelöste Silberkrise	13.02.1980–27.03.1980	–15,9	6,7	16,2	25,8
Panik an den Finanzmärkten 1987	02.10.1987–19.10.1987	–34,2	11,5	11,4	15,0
Asienkrise	07.10.1997–27.10.1997	–12,4	8,8	10,5	25,0
Russische LTCM-Krise	18.08.1998–08.10.1998	–11,3	15,1	24,7	33,7
Mittelwert		–16,7	6,9	12,4	18,5
Median		–15,5	9,1	11,4	19,2

Ähnlich ist es, wenn Sie in ein unter- oder überbewertetes Unternehmen investieren: Früher oder später wird es ungefähr zu seinem inneren Wert gehandelt und Sie ernten entsprechende Gewinne oder müssen Verluste hinnehmen. Dies ist ein unumstößliches Gesetz. Wer also den inneren Wert eines Unternehmens in zwei bis drei Jahren ermittelt und feststellt, dass die Aktien dieses Unternehmens zu einem deutlichen Abschlag zu haben sind, wird so gut wie sicher Gewinne einstreichen können. Sie müssen nur noch herausfinden, wie hoch Ihr Einsatz sein sollte. Aber dafür gibt es ja die Kelly-Formel.

Der Salatölbetrug und American Express

Einen hohen Wetteinsatz riskieren, wenn die Chancen außergewöhnlich gut stehen – das haben auch Warren Buffett und Charlie Munger immer getan. Im November 1963 investierte Buffett 40 Prozent des Vermögens von Buffett Partnership in ein einziges Unternehmen, nämlich American Express (AmEx), über das er keinerlei Kontrolle oder sonstigen Einfluss ausübte. Da er praktisch sein gesamtes liquides Nettovermögen in die Buffett Partnership eingebracht hatte, waren also 40 Prozent seines persönlichen liquiden Vermögens in AmEx investiert. Damals verwaltete Buffett Partnership ein Anlagevolumen von etwa 17,5 Millionen Dollar.[43] Etwa 7 Millionen Dollar wurden in den Kauf von Aktien von American Express investiert – unmittelbar nachdem sich der Kurs des Unternehmens schlagartig halbiert hatte.

American Express war durch die sogenannte Salatölkrise schwer angeschlagen worden.[44] Das Unternehmen hatte 60 Millionen Dollar gegen eine Sicherheit verliehen, die angeblich aus einem Lager voller Tanks mit Salatöl bestand. Später jedoch stellte sich heraus, dass die Tanks hauptsächlich mit Meerwasser gefüllt waren und der dubiose Kreditnehmer bankrott war. American Express musste einen Verlust von 60 Millionen Dollar einräumen, woraufhin die Aktie die Hälfte ihres Werts einbüßte. Damals lag der Börsenwert von AmEx bei 150 Millionen Dollar. Der Verlust stellte also einen schweren Schlag für das Unternehmen dar.

Buffett analysierte diese Situation genau und zog die Schlussfolgerung, dass der innere Wert von American Express weit über dem aktuellen Aktienkurs liegen müsse, solange das Geschäft mit den Reiseschecks und Kreditkarten nicht beeinträchtigt war. Er sah praktisch kein Risiko, dafür aber immens hohe Gewinnchancen. Auf der Grundlage dieser Erkenntnis tätigte er seinen bislang höchsten Einsatz und wettete 40 Prozent seines Nettovermögens auf ein skandalgebeuteltes Unternehmen, das täglich mit Skandalmeldungen in der Presse war. Welche Chancen versprach er sich aus dieser Wette nun genau? Wenn wir die Antwort darauf wüssten, könnten wir anhand der Kelly-Formel ermitteln, ob die Wette sinnvoll war.

Meines Wissens wurde diese Frage von Warren Buffett nie direkt beantwortet. Es finden sich aber einige Hinweise in den Briefen, die er zwischen 1964 und 1967 an seine Partner richtete:

> *Wir können bis zu 40 Prozent unseres Nettovermögens in ein einzelnes Wertpapier investieren, wenn eine extrem hohe Wahrscheinlichkeit der Richtigkeit unserer Fakten und Erkenntnisse mit einer extrem niedrigen Wahrscheinlichkeit gekoppelt ist, dass irgendetwas den zugrunde liegenden Wert des Investments ändern könnte.*[45]
> *Selbstverständlich gehen wir nur in sehr seltenen Fällen auf 40 Prozent – aber gerade weil solche Chancen so selten sind, ist es wichtig, sie zu erkennen. Wahrscheinlich ist es in unserer neunjährigen Geschichte nur fünf- oder sechsmal vorgekommen, dass wir einen Anteil von 25 Prozent überschritten haben. Solche Situationen müssen wirklich eine deutlich überlegene Performance versprechen … Außerdem müssen sie sichere qualitative und/oder quantitative Faktoren aufweisen, damit die Gefahr eines dauerhaften Verlustes minimal ist …*
> *Bei der Festlegung der Obergrenze für jede Geldanlage versuche ich, die Wahrscheinlichkeit extrem zu minimieren, dass ein einzelnes Investment für unser Portfolio ein*

> *Ergebnis erzeugen kann, das mehr als 10 Prozentpunkte schlechter als der Dow Jones ist.*[46]
>
> WARREN BUFFETT

Achten Sie auf die Sprache, die Warren Buffett verwendet. Er redete nicht über sichere Wetten, weil jeder Anlage eine gewisse Verlustwahrscheinlichkeit innewohnt. Er konzentrierte sich auf die Gewinnchancen und schreckte nicht vor hohen Wetteinsätzen zurück, wenn er die Chancen eindeutig auf seiner Seite sah. Warren Buffett sollte mit seiner Entscheidung zugunsten von American Express recht behalten, denn die Aktie erholte sich wie vorhergesagt. Nehmen wir nun auf der Grundlage der verfügbaren Fakten an, dass bei vorsichtiger Beurteilung die Chancen seiner Wette wie folgt standen:

- Chance einer Rendite von 200 Prozent oder höher in drei Jahren: 90 Prozent
- Chance eines Break-evens in drei Jahren: 5 Prozent
- Chance eines Verlusts von bis zu 10 Prozent in drei Jahren: 4 Prozent
- Chance eines Totalverlusts: 1 Prozent

Diese Annahmen unterstellen also mehr als zwei Möglichkeiten. Eine genaue Beschreibung der Anwendung der Kelly-Formel in solchen Fällen ist unter www.cisiova.com/betsizing.asp zu finden.[47] Diese Website enthält nicht nur allgemeine Informationen zur Kelly-Formel, sondern die Formel wurde sogar zur kostenlosen Verwendung programmiert. Interessierte Leser und Leserinnen seien auch auf Edward Thorps Artikel »The Kelly Criterion in Blackjack, Sports Betting, and the Stock Market« verwiesen.[48]

Auf der Grundlage dieser Gewinnchancen sollte ein Anleger nach der Kelly-Formel 98,3 Prozent seines Vermögens auf diese Chance setzen. Warren Buffett blieb also deutlich unter dem Limit und konnte mit seinem restlichen Vermögen einige weitere sehr attraktive Wetten eingehen.

In Anbetracht dieser logischen Fakten ist es erstaunlich, dass ein durchschnittlicher Investmentfonds über nicht weniger als 77 Positionen verfügt. Noch wichtiger: Die 10 Positionen mit der besten Performance stellen nur 25 Prozent des Fondsvermögens dar. Über ein Drittel der Investmentfonds hat sogar über 100 Positionen aufgebaut.[49] Es wundert nicht, dass über 80 Prozent der Investmentfonds ständig schlechter als der S&P-500-Index abschneiden. Ebenso wenig wundert es, dass nicht einmal einer von 200 Investmentfonds eine langfristige jährliche Performance abliefert, mit der er den S&P-500-Index um 3 Prozent oder noch mehr schlägt.[50]

Ein Dhandho-Anleger konzentriert sich auf einige wenige, seltene, dafür aber hohe Einsätze. Mit der Kelly-Formel lässt sich der Sinn dieses Vorgehens nachweisen. Dieser Ansatz funktioniert außerordentlich gut bei passiven Anlagen am Aktienmarkt. Schließlich bestätigt sich, was Charlie Munger nicht müde wird zu betonen, nämlich dass man alles auch aus dem umgekehrten Blickwinkel betrachten muss! Die Erfolgsbilanz von Anlegern, die zahlreiche Wetten mit niedrigen Einsätzen eingehen, fällt erwartungsgemäß dürftig aus. Deshalb folgen nun noch einige wichtige Hinweise zur Kelly-Formel.

Da sich aus der Formel der maximal zu tätigende Einsatz ergibt, optimiert sie gleichzeitig die Zeit, die ein Anleger zum Erreichen seiner Ziele benötigt. Es gibt keine andere Methode, die diese Schnelligkeit garantiert, ohne gleichzeitig die Wahrscheinlichkeit eines Komplettverlustes zu erhöhen. Wenn Sie mehr Geld einsetzen, als es nach der Kelly-Formel ratsam wäre, werden Sie mit an Sicherheit grenzender Wahrscheinlichkeit nach genügend Wetteinsätzen mit leeren Händen dastehen.

Die Anwendung der Kelly-Formel kann zu einer relativ hohen Volatilität führen. Die Formel optimiert nur eine Variable – die Maximierung von Wohlstand in möglichst kurzer Zeit. Sie sagt nichts über die Volatilität. Diese Volatilität kann abgefedert werden, indem man unter dem von der Kelly-Formel ermittelten Höchstbetrag bleibt. Der Preis dafür ist natürlich eine nicht optimale Kapitalallokation.

In der Realität des Portfoliomanagements muss sich ein Anlagemanager möglicherweise unter acht nicht miteinander zusammenhängenden attraktiven Wetten entscheiden, die gleichzeitig verfügbar sind. Nehmen wir an, dass er nach der Kelly-Formel den folgenden Anteil des Fondsvermögens auf jede Wette setzen sollte (Tabelle 10.2).

Tabelle 10.2: Hypothetische Kelly-Formel: Vorgeschlagener Anteil des Kapitals, das auf jede von acht möglichen Wetten gesetzt wird

Mögliche Wetten	Prozent
Wette 1	80
Wette 2	70
Wette 3	60
Wette 4	55
Wette 5	45
Wette 6	35
Wette 7	30
Wette 8	25
Gesamt	400

Da der Manager nur 100 Prozent eines nicht durch Kredite finanzierten Portfolios investieren kann, werden die möglichen Allokationen in Tabelle 10.3 dargestellt.

Tabelle 10.3: Vorgeschlagener Anteil des Kapitals, das auf jede von acht gleichzeitigen Wetten gesetzt wird

Gleichzeitige Wetten	Prozent
Wette 1	20
Wette 2	17
Wette 3	15
Wette 4	14
Wette 5	11
Wette 6	9
Wette 7	8
Wette 8	6
Gesamt	100

Diese Allokationen hätten Munger und Buffett wahrscheinlich auch vorgenommen. Sie ähneln auch den Allokationen, die Joel Greenblatt und Eddie Lampert heute vornehmen. Greenblatt hatte in der Regel 80 Prozent des Vermögens in fünf seiner besten Ideen investiert. In Tabelle 10.3 stehen die obersten fünf Wetten für 77 Prozent des Portfolios.

An den Allokationen in Tabelle 10.3 wird das Volatilitätsproblem sehr gut deutlich. Diese Wetten liegen deutlich unter dem von der Kelly-Formel nahegelegten Maximum. Die Tatsache, dass sie nicht miteinander zusammenhängen, dürfte die zugrunde liegende Volatilität deutlich mindern – vor allem im Jahresvergleich betrachtet. Die Investmentgesellschaft von Warren Buffett verzeichnete nie ein Jahr der Abwärtsentwicklung, obwohl sie hohe Einsätze nach dem Kelly-Prinzip platziert. Auch bei Greenblatt oder Lampert ist das meines Wissens nicht der Fall. Alle drei haben grundsätzlich wenige, dafür aber hohe Einsätze getätigt – und sehr viel gewonnen, ohne eine hohe Volatilität in Kauf nehmen zu müssen.

Weiterhin sollte darauf hingewiesen werden, dass sich unsere Wahrscheinlichkeitsberechnungen auch als falsch herausstellen können. Jede Berechnung der voraussichtlichen Entwicklung eines Unternehmens ist bestenfalls eine Annäherung. Dem versuchen wir Rechnung zu tragen, indem wir die Wahrscheinlichkeiten sehr vorsichtig berechnen. Es ist gut möglich, dass alle acht Wetten unseres Beispiels sehr günstige Chancen haben, die Chancen für Wette 6 aber höher als bei Wette 3 stehen. Da wir aber immer von unseren eigenen Kompetenzen und unserer Sicht der Welt ausgehen, sind unsere Berechnungen fehleranfällig.

In meinen eigenen Portfolios bei Pabrai Funds trage ich dieser Tatsache Rechnung, indem ich meine Einsätze einfach mit jeweils 10 Prozent des Vermögens je Wette platziere. Das ist zwar suboptimal, behebt aber das Problem der unterschiedlichen Chancen der Wetten. Häufig schneiden die unteren drei bis vier Wetten besser als diejenigen ab, bei denen ich das beste Bauchgefühl hatte. Insgesamt wurden damit bei den zehn Positionen recht zufriedenstellende Ergebnisse erzielt. Auch wenn diese Methode nicht so lukrativ wie diejenige ist, 80 Prozent seines Vermögens in fünf Aktien zu investieren, lässt sich damit ein sehr konzentriertes Portfolio betreiben. Dabei stellen sieben bis zehn Ideen immer noch über 80 Prozent des Portfolios dar.

Eine Investition ist wie ein Wettspiel: Es geht immer um die Wahrscheinlichkeiten. Die Suche nach preisgünstigen Wettmöglichkeiten und der Einsatz hoher Summen, sobald Sie die Chancen klar auf Ihrer Seite sehen, stellen eine Fahrkarte in den Wohlstand dar. Entscheidend ist es, sich bei der Festlegung der Obergrenze des Einsatzes von der Kelly-Formel leiten zu lassen. Und weil an den Aktienmärkten immer mehrere günstige Wettmöglichkeiten vorhanden sind, kann die mit der Kelly-Formel verbundene Volatilität abgeschwächt und dennoch ein sehr konzentriertes Portfolio geführt werden.

Kapitel 11

Dhandho-Lektion Nr. 6

Nutzen Sie Arbitragechancen

Die Arbitrage ist ein grundlegendes und sehr wirkungsvolles Werkzeug im Repertoire eines jeden Value-Anlegers. Arbitragegeschäfte ermöglichen sehr anständige, praktisch risikofreie Renditen. Von der Ausschaltung aller Risiken träumt jeder – und genau das bietet die Arbitrage. Sie folgt dem Motto: »Bei Kopf gewinne ich, bei Zahl verliere ich nichts oder gewinne immer noch!« Von den vielen verschiedenen Formen der Arbitrage, die möglich sind, werden im Folgenden vier vorgestellt.

1. Traditionelle Commodity-Arbitrage

Wenn in London Gold zu 600 Dollar je Unze gehandelt wird, in New York City jedoch für 610 Dollar den Besitzer wechselt, kann ein Arbitrageur in London Gold kaufen, um es in New York sofort wieder zu verkaufen. Die Spanne stellt seinen Gewinn dar. Im Laufe der Zeit bewirken diese Geschäfte eine Verringerung dieser Spanne oder führen sogar zu ihrem Verschwinden.

2. Aktienarbitrage

Für Berkshire Hathaway werden zwei Aktiengattungen – BRK.A und BRK.B – an der New Yorker Börse (NYSE) gehandelt. Die Gattung BRK.B ist ein Dreißigstel von BRK.A wert. Eine BRK.B-Aktie hat ein Zweihundertstel der Stimmrechte einer BRK.A-Aktie, also weniger als ein Sechstel der Stimmrechtsmacht, obwohl für sie gleich viel Geld bezahlt werden muss. Davon abgesehen sind die beiden Aktien praktisch identisch. Da Warren Buffett und seine engen Freunde über genügend Bestände an BRK.A-Aktien verfügen, um das Unternehmen zu kontrollieren, sind diese Unterschiede beim Stimmrecht weitgehend irrelevant. Inhaber von BRK.A-Aktien können diese jederzeit in BRK.B-Aktien umwandeln, aber nicht umgekehrt.

Bei dieser Faktenlage wäre zu erwarten, dass die beiden Aktiengattungen ungefähr gleich gehandelt werden oder dass bestenfalls die Gattung BRK.B mit einem ganz geringen Abschlag aufgrund der schlechteren Stimmrechte und der Umwandlung nur in eine Richtung gehandelt wird.

Aber die Wirklichkeit sieht anders aus. Wie Abbildung 11.1 zeigt, wurde die Gattung BRK.B in einem kürzlich abgeschlossenen 3-Monate-Zeitraum einige Wochen lang mit einem Abschlag gegenüber BRK.A und dann für einige Wochen mit einem Aufschlag gehandelt. An manchen Tagen wichen die beiden Aktienkurse bis zu einem Prozent voneinander ab. Minimale Reibungskosten vorausgesetzt könnte ein Arbitrageur versuchen, diese Spanne für sich zu nutzen.

Diese Art von Arbitrage gibt es bei einer Vielzahl von Aktien. Manchmal werden Holding-Aktien mit einem Abschlag auf die Summe der Anteile gehandelt, auch wenn die Anteile einzeln an der Börse erhältlich sind. Manchmal haben dieselben Aktien an verschiedenen Börsen unterschiedliche Kurse. Geschlossene Fonds werden gelegentlich mit deutlichen Abschlägen auf die zugrunde liegenden Vermögenswerte gehandelt. All diese Fälle können für Arbitragegeschäfte genutzt werden.

Abbildung 11.1: Kursentwicklung der Gattung BRK.A gegenüber Gattung BRK.B vom 13. Januar 2005 bis 12. April 2006

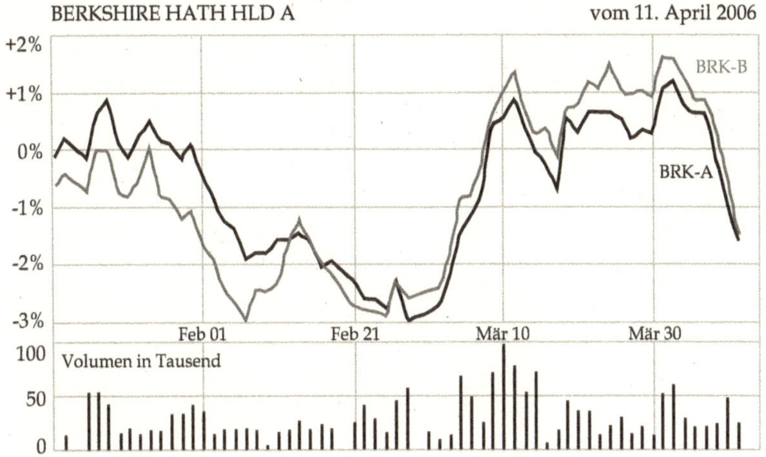

3. Arbitrage bei Unternehmensübernahmen

Das börsennotierte Unternehmen A gibt Pläne zur Übernahme des börsennotierten Unternehmens B für 15 Dollar je Aktie bekannt. Vor dieser Mitteilung wurde B zu einem Kurs von 10 Dollar je Aktie gehandelt. Unmittelbar danach schnellt der Kurs von B auf 14 Dollar. Wenn ein Anleger Aktien von B für je 14 Dollar kauft und diese bis zum Abschluss der Transaktion hält, kann er mit der Spanne von einem Dollar innerhalb weniger Monate einen ansehnlichen Gewinn erzielen. Allerdings besteht immer ein gewisses Risiko, dass der Deal doch nicht zustande kommt. In diesem Fall könnte der Aktienkurs von B auf 10 Dollar oder sogar darunter sinken. Anders als bei den bereits besprochenen Arbitrageformen ist die Ausnutzung von Differenzen bei Unternehmensübernahmen nicht risikofrei. Es handelt sich um eine sogenannte Risiko-Arbitrage.

Es gibt fundierte Statistiken darüber, wie hoch der Anteil der angekündigten Übernahmen ist, die niemals abgeschlossen werden, weil sie keine behördliche Genehmigung erhalten, bei den Aktionären auf Ablehnung stoßen oder aus anderen Gründen platzen. Wenn Sie etwas von dem betreffenden Geschäft und seiner Dynamik verstehen, können Sie die Wahrscheinlichkeit eines Abschlusses abschätzen und dann entscheiden, ob Sie darauf wetten wollen.

4. Dhandho-Arbitrage

Praktisch alle neu gegründeten Unternehmen betreiben die sogenannte Dhandho-Arbitrage. Ein Beispiel dafür ist in Kapitel 5 enthalten, in dem ein Friseur in Stadt C einen Friseursalon eröffnete, weil der nächste Friseur 25 Kilometer entfernt war. Im Laufe der Zeit schrumpfte der Abstand zum nächsten Friseur wahrscheinlich auf einige wenige Straßenblöcke und die Möglichkeit der Arbitrage verschwand fast ganz. Doch solange sie vorhanden war, erzielte der Friseur überdurchschnittliche Gewinne bei sehr niedrigem Risiko. Die Attraktivität des Geschäfts lag in der klassischen Kombination aus niedrigem Risiko und hoher Ungewissheit. Der Friseur ist das Paradebeispiel eines Dhandho-Arbitrageurs: Bei Kopf gewann er, bei Zahl konnte er nicht viel verlieren!

Unternehmen verabscheuen in der Regel Risiken, haben aber nichts gegen Dhandho-Arbitragegeschäfte einzuwenden. Eines der beeindruckendsten Beispiele dafür ist die Geschichte von CompuLink, die Amar Bhide in seinem hervorragenden Buch *The Origin and Evolution of New Businesses* beschreibt.[51] CompuLink wurde im Jahr 1984 von zwei 20-Jährigen, Steve Shevlin und Robert Wilkin, gegründet. Shevlin war der Hauptmotor des Unternehmens. Er hatte sich nach dem Abbruch des College zur Army gemeldet und war dort zum Elektroniker ausgebildet worden. Da er für den militärischen Drill doch nicht so viel übrig hatte, verließ er die Army nach einem kurzen Gastspiel.

Shevlin war daraufhin arbeitslos und lebte in einem winzigen Apartment in Florida.

Damals steckte das Geschäft mit Personalcomputern noch in den Kinderschuhen. Shevlin interessierte sich brennend dafür und besaß bald einen Computer mit Drucker. Idealerweise sollte der Drucker in einiger Entfernung vom PC aufgestellt werden, und dafür benötigte er ein sechs Meter langes Kabel. Er ging in ein Geschäft, das Druckerkabel und Computerzubehör führte, und verlangte das gewünschte Kabel.

Zur damaligen Zeit, als PCs noch sehr neu waren, gab es keine standardisierten Schnittstellen und folglich ein Sammelsurium verschiedener Kabel und Sockel. Der Händler teilte Shevlin mit, dass er nur ein zwei Meter langes Kabel vorrätig habe. Er schlug ihm vor, drei Kabel aneinander zu stecken und einige Spezialverbinder zu verwenden, damit alles wie gewünscht funktionierte. Shevlin war weder mit dem Preis noch der Art der vorgeschlagenen Lösung zufrieden.

Er kehrte nach Hause zurück und dachte nach. Schließlich ging er wieder zum Händler und teilte ihm mit, dass er als Techniker in der Army tätig gewesen sei und wisse, wie man PC-Kabel herstelle. Er bot ihm an, Kabel in allen möglichen Längen zu fertigen und an ihn zu verkaufen. Der Händler erwiderte, dass er ständig alle möglichen Anfragen nach Kabeln unterschiedlicher Länge erhalte, die er nicht liefern könne. Dennoch zögerte er, das Risiko der Lagerhaltung markenloser Kabel zu übernehmen, da solche Produkte schnell veralteten. Shevlin bot an, sie ihm auf Kommissionsbasis zu überlassen, und die beiden waren im Geschäft.

Shevlin und Wilkin listeten penibel alle fehlenden Kabellängen und Verbinder auf, die möglicherweise nachgefragt wurden. Sie kauften 90 Meter Kabel sowie die erforderliche Ausrüstung und machten sich an die Arbeit. Sie stellten verschiedene Kabel in unterschiedlichen Längen her und lieferten sie an den Händler aus, der begeistert war. Der Herstellungspreis für ein Kabel lag bei 2 bis 3 Dollar, der Verkaufspreis an den Händler bei etwa 16 Dollar, was immer noch ein sehr attraktiver Preis gegenüber den kürzeren Kabeln war. Der Händler wiederum bot sie für über 30 Dollar an. Die Margen stellten alle Beteiligten zufrieden.

Die beiden frisch gebackenen Unternehmer fanden immer mehr Händler, die ihre Kabel vertreiben wollten, und steigerten den Umsatz in den nächsten Monaten deutlich. Dann jedoch gingen die Geschäfte wieder schlechter. Die Händler teilten den beiden mit, dass sie die CompuLink-Kabel nicht mehr benötigten, da ihr Hauptlieferant mittlerweile ebenfalls alle gewünschten Längen liefere und außerdem den Vorteil einer bekannteren Marke und hochwertigeren Verpackung biete.

Shevlin war sehr enttäuscht und dachte wieder nach. Ihm wurde klar, dass PC- und Druckerhersteller ständig neue Geräte auf den Markt brachten, die miteinander verbunden werden mussten. Alle paar Monate änderte CompuLink große Teile der Produktlinie – immer dann, wenn auch die Konkurrenten auf den Plan traten.

Shevlin war seinen großen Konkurrenten bei der Einführung der Kabel stets drei bis sechs Monate voraus, weil er flexibler als sie war und gezielter vorgehen konnte. Seine Konkurrenten waren größere Unternehmen und benötigten entsprechend mehr Zeit, um neue Produkte einzuführen. Shevlin brachte also die neuen Kabel in den Vertrieb und strich drei bis sechs Monate lang die überdurchschnittlichen Gewinne eines Monopolisten ein, bis es wieder so weit war und er vor die Wahl gestellt wurde, von den großen Anbietern abgelöst zu werden oder die Preise zu senken.

Die beiden Unternehmer hatten mit ihrem einfachen Dhandho-Arbitragegeschäft außerordentlich viel Erfolg. Im Jahr 1989 wurden sie als eines der am schnellsten wachsenden US-Unternehmen in die Liste der *Inc.*-500-Unternehmen aufgenommen. Sie waren Arbitrageure wie aus dem Bilderbuch – ihre überdurchschnittlichen Gewinne waren frei von Risiken, konnten aber nur für den Zeitraum von einigen Monaten erzielt werden. Sie verstanden sich hervorragend auf den Umgang mit der Ungewissheit. Ein niedriges Risiko, hohe Ungewissheit und Arbitrage sind zentrale Eckpfeiler des Geschäftsmodells guter Unternehmer.

Als die Computerschnittstellen zunehmend standardisiert wurden, löste sich die ursprüngliche Arbitragespanne von CompuLink praktisch in nichts auf. Aber das Unternehmen entwickelte sich weiter und suchte nach einer neuen Lücke. Es fand sie bei den komplexen Kabelinstallationen. Heute beschäftigt CompuLink 600 Mitarbeiter, die hauptsächlich Dienstleistungen im Bereich von Kabelinstallationen erbringen.[52] Zwar hat sich auch diese Spanne im Laufe der Zeit verengt, aber dafür konnte das Unternehmen in der Zwischenzeit eine anerkannte Marke und einen guten Ruf aufbauen. CompuLink dürfte weiterhin florieren – zumindest noch einige Jahre, bis sich auch diese Lücke wieder schließt, weil sich die Technik weiterentwickelt und der Wettbewerb sich verschärft.

Bei der Versicherungsgesellschaft GEICO ergibt sich der Arbitrage-Spread daraus, dass sie sich auf den Verkauf von Autoversicherungspolicen ohne Makler und Filialen konzentriert. Anders als Allstate oder State Farm, für die landesweit Tausende von Maklern mit jeweils eigenen unabhängigen Büros arbeiten, hat GEICO kein eigenes Filialnetz aufgebaut. Die Vertriebsgemeinkosten machen mindestens 15 Prozent der Prämien aus, die State Farm und Allstate berechnen. GEICO verfügt also über einen so gut wie dauerhaften Kostenvorteil – einen Arbitrage-Spread – von fast 15 Prozent gegenüber den meisten anderen Autoversicherern.

GEICO verkauft die Versicherungspolicen in Callcentern, in denen bezahlte GEICO-Mitarbeiter arbeiten, sowie über die eigene Website geico.com. Beide Vertriebskanäle verursachen längst nicht so hohe Kosten wie die Gründung und der Unterhalt von Tausenden von Maklerbüros. Mittlerweile werden immer mehr Geschäfte über das Internet abgewickelt. Ein Verkauf über geico.com ist kostengünstiger als ein Verkauf über das Telefon, sodass sich der Arbitrage-Spread von GEICO weiter erhöht. Tatsächlich ist der Kostenvorteil von GEICO in den vergangenen 70 Jahren stetig gewachsen. In den ersten Jahrzehnten nach der Firmengründung gab es noch längst nicht überall Telefonanschlüsse. Der wichtigste Vertriebskanal war die US-Post. Als sich dann das Telefon durchsetzte, übernahm dieser Vertriebsweg die Hauptrolle.

Bis in die 80er-Jahre hinein waren Telefonanrufe noch relativ teuer. Als die Telekommunikationskosten dann zu sinken begannen, stieg der Arbitrage-Spread von GEICO entsprechend. Es gab sicherlich Zeiten, in denen GEICO über 25 Cents je Minute für seinen gebührenfreien Telefonservice bezahlte. Heute würde ich bezweifeln, ob dafür überhaupt noch ein Cent je Minute anfällt. Die wesentlichen Kosten beim Telefonverkauf sind mittlerweile die Personalkosten für Tausende von GEICO-Beratern. Und selbst diese könnten schmerzlos im Rahmen der ganz gewöhnlichen Fluktuation gesenkt werden, weil ein oder zwei neue Callcenter in Indien noch preisgünstiger arbeiten und damit den Arbitrage-Spread noch weiter erhöhen würden.

In ein oder zwei Jahrzehnten werden die meisten Transaktionen von GEICO wahrscheinlich über das Internet abgewickelt. Die Kosten werden immer weiter gegen null gehen und der Arbitrage-Spread wird sich vergrößern. State Farm und Allstate dagegen machten sich das Internet oder das Telefon nicht auf dieselbe Weise zunutze. Da die Kosten für Büros und die Vergütung der Makler weitersteigen, müssen sie im Laufe der Jahrzehnte vermutlich auch steigende Reibungskosten hinnehmen.

GEICO wurde Anfang der 30er-Jahre gegründet und konzentrierte sich immer auf den Direktverkauf. Mittlerweile besteht der Arbitrage-Spread seit über 70 Jahren und erstaunlicherweise liegen keine Anzeichen einer Verengung vor. Aber irgendwann verschwinden alle Arbitragechancen und auch diese wird keine Ausnahme bilden. Auch wenn die Spanne im Laufe der Jahrzehnte sogar ausgeweitet wurde, wird sie sich irgendwann auflösen.

GEICO und Progressive sind Direktversicherer für Kfz-Versicherungen und haben einen Anteil von etwa 13 Prozent am US-Autoversicherungsmarkt. Vor wenigen Jahren war ihr Marktanteil noch viel geringer, in den kommenden Jahrzehnten wird er dagegen viel höher sein. State Farm und Allstate besetzen etwa 30 Prozent des Marktes und werden ihre Kunden sehr wahrscheinlich an GEICO und Progressive verlieren. Es dürfte für State Farm und Allstate sehr schwierig sein, das GEICO-Modell zu kopieren, ohne ihre Makler vor den Kopf zu stoßen und das Kerngeschäft aufs Spiel zu setzen.

In den kommenden Jahrzehnten, wenn der Direktvertrieb von Autoversicherungen zur Norm wird, muss GEICO hauptsächlich mit anderen Direktversicherern (wie Progressive) konkurrieren. Folglich wird sich der Arbitrage-Spread auflösen. Unser Friseur hatte sich einen Vorteil verschafft, der ein oder zwei Jahre andauerte. Der Arbitrage-Spread von GEICO wird wahrscheinlich fast ein Jahrhundert lang vorhanden sein. In beiden Fällen konnten die Unternehmen eine Marke aufbauen, mit der sie sich eine stabile Umsatzbasis mit den vorhandenen Kunden schufen. Aufgrund dieser starken Marke werden sich die Unternehmen wahrscheinlich auch dann noch behaupten können, wenn der ursprüngliche Spread verschwunden ist. Aber es dürfte sehr schwer sein, in einigen Jahrzehnten noch ein überdurchschnittliches Wirtschaftswachstum zu erzielen.

Mögliche Arbitragechancen haben in der Geschichte immer wieder zur Gründung spannender neuer Unternehmen geführt. Als Leo Goodwin GEICO gründete, hätte er seine Geschäftsidee vermutlich nicht als Arbitrage bezeichnet. Dennoch ging es bei GEICO genau darum. Goodwin stellte fest, dass es keinen Direktanbieter von Autoversicherungen gab. Er hielt seine Idee aber für einleuchtend und ging unbeirrt seinen Weg. Auch Ray Kroc hätte nie gedacht, dass er ein Arbitragegeschäft betrieb, und dennoch ist das Geschäftsmodell von McDonald's nichts anderes. Ray Kroc entdeckte eine Angebotslücke und schloss sie. Howard Schultz nutzte eine ähnliche Lücke und stieg bei Starbucks ein. Irgendwann werden sich auch diese Lücken schließen: Vielleicht tauchen neue Konkurrenten am Horizont auf oder die Verbrauchervorlieben ändern sich.

Nehmen Sie das Beispiel der Geschäfte der Montgomery-Ward-Kette. In den frühen Tagen bestand die Innovation des Gründers Aaron Montgomery Ward in dem Versprechen: »Wer nicht zufrieden ist, bekommt sein Geld zurück.« Damals war die Rückgabe gekaufter Waren eine schwierige Angelegenheit, und wenn die Verpackung bereits geöffnet war, bestand gar keine Chance mehr. Montgomery Ward sah eine Lücke und nutzte sie. Seine Geld-zurück-Garantie war neu und überzeugte die Verbraucher. Montgomery Ward legte ein rasantes Wachstum hin.

Die Kaufhauskette Sears wurde gegründet, um den Erfolg von Montgomery Ward zu kopieren. Sie warb deshalb auch mit einem ähnlich revolutionären Slogan. Praktisch kein Konkurrent wollte sich mit dieser scheinbar bizarren Geschäftsidee anfreunden. Schließlich konnte jeder beliebige Kunde in den Laden spazieren und jeden Artikel wieder zurückgeben, gleich aus welchem Grund. Er musste lediglich zum Ausdruck bringen, dass er nicht zufrieden war, und Sears oder Montgomery Ward erstatteten ihm den Kaufpreis. Ihr Arbitrage-Spread sollte einige Jahrzehnte anhalten. Mittlerweile jedoch ist die Lücke in den meisten Teilen der entwickelten Welt weitgehend geschlossen. Die Händler bieten eine solche Garantie praktisch als Eintrittskarte an, um überhaupt mitmischen zu können. Sie ist so selbstverständlich wie ein Danke geworden. Die Verbraucher setzen die Rückgabegarantie im Einzelhandel einfach voraus.

Als sich die Lücke schloss, waren Sears und Montgomery Ward für die Kunden nicht mehr attraktiver als ihre Konkurrenten. Ward verabschiedete sich schließlich im Jahr 2000 aus dem Markt und Sears ist nur noch ein Schatten seiner selbst. Es kann mit den Preisen und der Effizienz von Walmart nicht konkurrieren, es kann keine anspruchsvollen Kunden wie Target gewinnen und es hat keine Chance im Wettbewerb mit ganz neuartigen Anbietern wie Home Depot oder Best Buy, deren Warenwelten die alten Kategorien hinfällig machen. Die Umsätze von Sears sind seit mehreren Jahren rückläufig. Sowohl Sears als auch Ward bringen schon seit vielen Jahren keine Kataloge mehr heraus. Der Katalogversand hatte in seinen Anfangsjahren ebenfalls zu den Innovationen gezählt, mit denen sich Arbitragevorteile nutzen ließen.

Die Hauptinnovation der Ford Motor Company war das Fließband, das die Massenproduktion von Automobilen zu deutlich reduzierten Kosten ermöglichte. Im Lauf der Zeit wurde das Fließband nicht nur bei allen Konkurrenten von Ford eingeführt, sondern es wurde auch bei praktisch allen industriellen Herstellern zum Standard. Deshalb verschwand die aus dem Fließband resultierende Arbitragechance für Ford bereits vor vielen Jahrzehnten. General Motors bewirkte eine Innovation, indem es den Automarkt durch eine Vielzahl von Marken und Modellen für jeden Verbrauchertyp segmentierte. Auch dieser Arbitrage-Spread schloss sich vor vielen Jahren. Es überrascht nicht, dass beide Unternehmen seit einiger Zeit in der Krise stecken. Ihre anfänglichen Arbitragechancen sind längst vergangen, wenngleich sich Ford und General Motors am Markt weiter behaupten konnten. Dagegen verschwanden Tausende von Autoherstellern, die in der Anfangszeit der Automobilbranche gegründet wurden, wieder schnell von der Bildfläche, weil ihre Vorteile zu unbedeutend waren.

Als ich in den 80er-Jahren in Naperville, Illinois, lebte, gab es ganz in der Nähe meines Hauses ein Einkaufszentrum. Der Hauptmieter war ein Geschäft der Lebensmittelkette Eagle Grocery. Andere Mieter waren etwa ein chinesisches Take-away-Restaurant, ein Versicherungsmaklerbüro von State Farm, ein Friseursalon und andere mehr. Immer wenn ich an diesem Einkaufszentrum vorbeifuhr, war ich überrascht, wie viel sich wieder geändert hatte. Wenn ich an jedem 1. Januar eines Jahres das gesamte Einkaufszentrum fotografiert und daraus ein Album zusammengestellt hätte, wären nie dieselben Fotos entstanden. Als ich zuletzt wieder dort vorbeifuhr, war das Maklerbüro von State Farm immer noch da – und das seit fast 20 Jahren.

Nicht alle dieser Unternehmen verfügten über einen breiten Burggraben. So musste Eagle Grocery nach einigen Jahren aufgeben – der Verkauf von Lebensmitteln ist ein sehr hartes Geschäft. Nach etwa zehn Jahren hatten mit Ausnahme des Friseurs und des Versicherungsbüros fast alle Mieter gewechselt. Der Friseur erfreute sich eines treuen Kundenstamms und Autoversicherungen werden auch immer benötigt. Doch auch diese Agentur dürfte irgendwann schließen, weil in den nächsten Jahrzehnten Unternehmen wie GEICO und Progressive die Kunden von State Farm anziehen werden.

Warren Buffett verglich eine dauerhafte Arbitragechance mit einem Burggraben, als er im Jahr 2000 bei der Jahresversammlung von Berkshire Hathaway in Omaha, Nebraska, eine Frage beantwortete:

> *Wir brauchen Burgen mit breiten Burggräben voller Haie und Krokodile, die Eindringlinge – also jene Millionen Menschen mit Kapital, die wiederum hinter unserem Kapital her sind – abwehren. Wir brauchen Burggräben, die unüberwindbar sind, und wir fordern unsere Manager auf, diese Gräben Jahr für Jahr zu verbreitern, selbst wenn die Gewinne nicht jedes Jahr steigen. Fast alle unsere Unter-*

> *nehmen verfügen über große und immer breiter werdende Burggräben.*[53]
>
> Warren Buffett

Warren Buffett versteht sich außerordentlich gut darauf, Unternehmen mit dauerhaften Burggräben und Arbitrage-Spreads zu kaufen. Aber selbst bei Berkshire ist es schon vorgekommen, dass die Burggräben hervorragender Unternehmen austrockneten. Beispiele dafür sind Blue Chip Stamps und World Book. Blue Chip Stamps gab im Einzelhandel Rabattmarken heraus, deren Wert vom Kundenumsatz abhing. Damit wurde die Treue zu den jeweiligen Händlern gefördert. Gegen Vorlage der Marken gab es verschiedene Gratisprämien. Mittlerweile ist dieses Geschäftsmodell praktisch verschwunden. Flugmeilengutschriften für Vielflieger sind damit vielleicht noch am ehesten zu vergleichen, haben aber auch zum Untergang dieses Geschäftsmodells beigetragen.

World Book ist ein Lexikon-Verlag unter dem Dach von Berkshire Hathaway. Sein Hauptkonkurrent war einmal die Encyclopedia Britannica. Heute gibt es beide Unternehmen praktisch nicht mehr, weil sie mit Google nicht konkurrieren konnten. Ihre Festungsgräben sind verdunstet.

Die in Buffalo erscheinende Tageszeitung *Buffalo News* ist eine weitere Tochtergesellschaft von Berkshire Hathaway. Sie verfügte jahrelang mehr oder weniger über ein Monopol. Aber mittlerweile nimmt die Zahl der Zeitungsleser ab und der Graben schrumpft jeden Tag ein bisschen mehr.

Das bedeutet nicht, dass es etwa falsch gewesen wäre, diese Beteiligungen zu erwerben – im Gegenteil: Alle drei Unternehmen erwiesen sich für Berkshire als sehr lukrativ. Ihre Geschäftsmodelle funktionierten noch lange genug, um Berkshire Hathaway eine spektakuläre Rendite einzubringen. So wurde die Beteiligung am Pralinenhersteller See's Candy teilweise mit den Überschüssen aus Blue Chip Stamps gekauft.

Wir wissen, dass alle Dhandho-Arbitrage-Spreads irgendwann verschwinden. Die entscheidende Frage lautet aber: Wie lange wird es den

Spread wahrscheinlich geben und wie breit ist der Burggraben? Warren Buffett sagte:

> *Der Schlüssel eines Investments liegt nicht darin, wie sehr es die Gesellschaft beeinflussen oder wie stark es wachsen wird. Es geht vielmehr darum, den Wettbewerbsvorteil eines Unternehmens und vor allem die Dauerhaftigkeit dieses Vorteils zu erkennen.*[54]
>
> WARREN BUFFETT

Nichts ist von Dauer. Selbst der scheinbar dauerhafte Arbitrage-Spread eines Dhandho-Investors verschwindet irgendwann. Das bedeutet nicht, dass wir nicht investieren und anständige Erträge erzielen könnten. Es bedeutet aber, das wir ungefähr wissen müssen, ob wir mit dem Spread noch zehn Monate oder zehn Jahre lang rechnen können. Je breiter und dauerhafter der Spread ist, desto vorteilhafter ist das für den Investor. Der Unterschied zwischen einem Dhandho-Geschäft und einem traditionellen Arbitragegeschäft liegt hauptsächlich in der zeitlichen Dauer und der Größe des Spreads. Bei einem Dhandho-Geschäft wird es sich wahrscheinlich um einen Spread handeln, der noch viele Jahre lang vorhanden ist und dem Anleger enorme Erträge einbringen kann. Halten Sie immer die Augen offen und achten Sie auf Arbitragechancen. Damit können Sie bei einem gegen null tendierenden Risiko eine hohe Rendite auf das eingesetzte Kapital erzielen. Nutzen Sie als Dhandho-Investor diese Spreads so lange, wie sie vorhanden sind.

Kapitel 12

Dhandho-Lektion Nr. 7

Eine Sicherheitsmarge muss sein – immer!

Falls Sie es noch nicht bemerkt haben: Sie haben die Dhandho-Grundkurse absolviert und befinden sich schon auf Fortgeschrittenenniveau – es fehlt nur noch eine Lektion. Sie sind von der Disziplin mittlerweile so begeistert, dass Sie am liebsten einen Studiengang dazu belegen würden. Dem steht nichts im Wege: Lesen Sie die nächsten drei Kapitel und Sie haben schon den ersten Dhandho-Abschluss in der Tasche. Nach weiteren drei Kapiteln haben Sie Ihren Dhandho-Doktor. Zuverlässigen Quellen zufolge ist der Titel eines Dhandho-Doktors einem in Harvard erworbenen MBA weit überlegen – und er dürfte Sie auch reicher machen.

Warren Buffett empfängt jedes Jahr Business-School-Studenten von über 30 Universitäten. Sie kommen von den unterschiedlichsten Einrichtungen – ob Harvard und Yale oder von der University of Tennessee und Texas A&M. Die Studierenden dürfen Buffett eine Stunde lang mit Fragen zu fast jedem Thema bombardieren, bevor sie gemeinsam zum Lunch in sein Lieblings-Steakhouse gehen. So gut wie jede Gruppe bittet Buffett um Buchempfehlungen. Jahrelang nannte Buffett dann an erster Stelle Benjamin Grahams *Intelligent Investieren*[55], so auch am 24. März 2006, als er den Studierenden der Columbia Business School in Omaha, Nebraska, empfahl:

> Intelligent Investieren *ist immer noch das beste Buch über das Investieren. Es enthält die einzigen drei Ideen, die Sie wirklich benötigen:*
>
> 1. *Kapitel 8 – die Analogie zu Mr. Market. Lassen Sie den Aktienmarkt für sich arbeiten. Im* Wall Street Journal *steht alles, was Sie brauchen – was Sie dann damit anfangen, bleibt Ihnen überlassen.*
> 2. *Eine Aktie ist eine Beteiligung an einem Unternehmen. Vergessen Sie niemals, dass Sie ein Unternehmen mit einem zugrunde liegenden Wert kaufen, der auf der Höhe der Zahlungseingänge und Zahlungsausgänge beruht.*
> 3. *Kapitel 20 – Sicherheitsmarge. Achten Sie darauf, ein Unternehmen für weit weniger Geld zu kaufen, als es nach vorsichtiger Schätzung wert ist.*[56]
>
> *Warren Buffett*

Grahams Konzept der Sicherheitsmarge scheint einleuchtend und einfach. Denken Sie an die fünf aufsteigenden Ebenen des Intellekts: klug, intelligent, brillant, genial, einfach. Wenn wir einen Vermögenswert deutlich unter Wert kaufen, senken wir das Verlustrisiko. Das Geniale an der Sichtweise Grahams lag darin, dass er sich auf die folgenden beiden Fakten konzentrierte:

1. Je höher der Abschlag auf den inneren Wert ist, desto niedriger ist das Risiko.
2. Je höher der Abschlag auf den inneren Wert ist, desto höher ist die Rendite.

Für Papa Patel und Manilal ist Benjamin Graham vermutlich ein Unbekannter. Auch Branson hat wahrscheinlich nie eines seiner Bücher gelesen. Bei ihren Dhandho-Investments ging es immer darum, das Risiko zu minimieren. Sie hielten unbeirrt an der scheinbar abwegigen Idee fest: »Je niedriger das Risiko, desto höher die Erträge.«

Viele der renommiertesten Business Schools verstehen den Grundsatz der Sicherheitsmarge oder die Dhandho-Philosophie nicht. Für sie gehören ein niedriges Risiko und niedrige Renditen zusammen, ebenso wie ein hohes Risiko und hohe Renditen. Im Lauf eines Lebens stoßen wir immer wieder auf Wetten, die hohe Gewinne bei niedrigem Risiko versprechen. Es gibt sie in allen Bereichen des Lebens. Business Schools sollten ihren Studierenden beibringen, wie sie diese Chancen erkennen und nutzen.

Eines der lebendigsten Beispiele für die Sicherheitsmarge an den Aktienmärkten ist Warren Buffetts Beschreibung, wie er seine Beteiligung an der *Washington Post* im Jahr 1973 erwarb:

> *Wir kauften unsere Aktien [der* Washington Post *(WCP)] Mitte 1973 zu einem Kurs von nur einem Viertel des damaligen Unternehmenswerts. Die Berechnung des KGVs erforderte keine außergewöhnlichen Kenntnisse. Die meisten Wertpapieranalysten hätten den inneren Wert der Washington Post auf 400 bis 500 Millionen Dollar geschätzt – so wie wir auch. Die Tatsache, dass das Unternehmen am Aktienmarkt nur 100 Millionen Dollar wert war, konnten alle täglich nachlesen. Unser Vorteil lag in unserer Einstellung: Wir hatten von Ben Graham gelernt, dass ein erfolgreiches Investment darin bestand, Aktien guter Unternehmen dann zu kaufen, wenn sie zu einem deutlichen Abschlag auf ihren zugrunde liegenden Wert zu haben waren.*
>
> *… In den Jahren 1973 bis 1974 leistete die* Washington Post *in der Branche weiterhin gute Arbeit und der innere*

> *Wert des Unternehmens stieg. Dennoch hatten wir Ende 1974 mit unserer Beteiligung einen Verlust von etwa 25 Prozent erzielt. Die Anteile, die wir für 10,6 Millionen Dollar gekauft hatten, waren am Markt nur noch 8 Millionen Dollar wert. Was uns vor einem Jahr so lächerlich preiswert erschien, hatte noch einmal deutlich im Preis nachgegeben, denn der Markt bewertete in seiner unendlichen Weisheit die Aktie mit unter 20 Cent je Dollar ihres inneren Werts.*[57]
>
> Warren Buffett

Übrigens hat Warren Buffett in den vergangenen 33 Jahren, seit er die Beteiligung erwarb, keine einzige Aktie der *Washington Post* verkauft. Die ursprüngliche Investition von 10,6 Millionen Dollar ist heute über 1,3 Milliarden Dollar wert – das ist eine Steigerung um mehr als das 124-Fache. Die *Washington Post* zahlt eine bescheidene Dividende, die darin noch nicht einmal berücksichtigt ist. Allein diese Dividende, die jährlich an Berkshire überwiesen wird, ist höher als der ursprüngliche Kaufpreis, den Warren Buffett bezahlt hatte.

Warum aber wurde die *Washington Post* in den Jahren 1973 und 1974 mit einem so hohen Abschlag auf den inneren Wert gehandelt? Warren Buffett bietet dafür eine Erklärung:

> *Für viele institutionelle Anleger war der Unternehmenswert Anfang der 70er-Jahre nur von untergeordneter Bedeutung, wenn sie ihre Kaufentscheidungen trafen. Dies scheint heute schwer zu glauben. Aber die Institutionen lauschten wie gebannt den Akademikern renommierter Business Schools, die eine neumodische Theorie predigten: Der Aktienmarkt sei ohne Abstriche effizient, und deshalb seien Berechnungen des Unternehmenswerts – ja selbst das Denken an sich – bei der Geldanlage nicht wichtig. (Wir haben diesen Akademikern enorm viel zu verdanken: Was kann einem in einem geistigen Wettstreit – sei es Bridge,*

> *Schach oder die Aktienauswahl – Besseres passieren, als auf Gegner zu stoßen, die Denken für Energieverschwendung halten?)*[58]
>
> WARREN BUFFETT

In den vergangenen 20 Jahren hat sich in den Ansichten der institutionellen Anleger über die Markteffizienz nicht viel geändert. Das stellte auch Charlie Munger fest, der bei der Jahresversammlung von Wesco im Jahr 2004 sagte:

> *Sehr wenige Menschen haben unsere Methode übernommen … Vielleicht 2 Prozent schlagen sich auf unsere Seite, während die restlichen 98 Prozent das glauben, was man ihnen erzählt hat (etwa, dass die Märkte in Gänze effizient seien).*[59]
>
> CHARLIE MUNGER

Warren Buffett erwarb seine Beteiligung an der *Washington Post* mit einem Abschlag von 75 Prozent auf den inneren Wert. Wie Benjamin Graham schon Senator Fulbright sagte, gleichen sich die Aktienkurse dem inneren Wert irgendwann einmal an. Warren Buffett wusste, dass es in einigen Jahren so weit sein würde. Bei jedem meiner Investments unterstelle ich, dass diese Angleichung vermutlich innerhalb von drei Jahren stattfinden wird. Als professioneller Anleger habe ich in den vergangenen sieben Jahren die Erfahrung gemacht, dass sich die meisten Lücken zwischen der Marktbewertung und dem inneren Wert in weniger als 18 Monaten schließen.

Warren Buffett bezahlte im Jahr 1973 etwa 6,15 Dollar je Aktie der *Washington Post*. Er wusste damals, dass die Aktie etwa 25 Dollar wert war. Nehmen wir an, dass der Aktienkurs innerhalb von drei Jahren mindestens 90 Prozent des inneren Werts des Unternehmens spiegelte. Nehmen wir weiterhin an, dass der innere Wert aufgrund der Gewinnrücklagen und des Unternehmenswachstums um bescheidene 10 Prozent jährlich stieg. Dann wäre die Aktie des Unternehmens im Jahr 1976 über 33,28 Dollar wert gewesen (25 Dollar × 1,1 × 1,1 × 1,1). Berechnet man davon 90 Prozent, ergeben sich 30 Dollar. Bei einem Kauf der Aktie im Jahr 1973 und einem Verkauf im Jahr 1976 hätte ein Anleger eine jährliche Rendite von 70 Prozent erzielt. Darauf wollen wir nun die Kelly-Formel anwenden und die folgenden vorsichtigen Annahmen treffen:

- Wahrscheinlichkeit einer 4-fachen oder besseren Rendite in drei Jahren: 80 Prozent
- Wahrscheinlichkeit einer 2- bis 4-fachen oder besseren Rendite in drei Jahren: 15 Prozent
- Wahrscheinlichkeit von Break-even bis 2-facher Rendite: 4 Prozent
- Wahrscheinlichkeit eines Totalverlusts: 1 Prozent

In diesem Fall ergibt sich nach der Kelly-Formel, dass ein Anleger 98,7 Prozent seines verfügbaren Kapitals auf diese verlockende Chance setzen sollte. Damals verfügte Berkshire Hathaway über eine gesamte Marktkapitalisierung von etwa 60 Millionen Dollar. An liquiden Mitteln stand damals wahrscheinlich ein kleiner Anteil davon zur Verfügung. Nach meiner Vermutung setzte Warren Buffett wahrscheinlich über 25 Prozent seiner verfügbaren Mittel auf diese Wette.

Grahams Fixierung auf die Sicherheitsmarge ist verständlich. Die Minimierung des Verlustrisikos bei gleichzeitiger Maximierung der Gewinnchancen ist ein überzeugender Gedanke. Dieses Konzept hat Warren Buffett ein Reinvermögen von über 40 Milliarden eingebracht. Er ging minimale Risiken ein, maximierte aber immer die Renditen. In den meisten Fällen werden Vermögenswerte zum inneren Wert oder zu einem darüber liegenden Preis gehandelt. Das Geheimnis besteht darin, geduldig auf Gelegenheiten zu warten, in denen dies nicht der Fall ist, und dann schnell zu handeln.

In Zeiten, in denen extreme Spannungen auftreten und Pessimismus um sich greift, hat die Vernunft das Nachsehen. Dann sinken die Preise bestimmter Vermögenswerte deutlich unter ihren inneren Wert. Solche extremen Spannungen können durch Makroereignisse wie etwa den

11. September oder die Kubakrise ausgelöst werden. Sie können auch unternehmensspezifisch sein wie der Korruptionsskandal um Dennis Kozlowski, der den Aktienkurs von Tyco auf Talfahrt schickte.

Wir können nicht vorhersagen, welche Vermögensklassen als Nächstes unter Druck geraten. Aber wenn wir uns allein auf Aktien als Anlagekategorie konzentrieren, umfasst das bereits Tausende von Unternehmen. Praktisch jede Woche brechen die Kurse irgendwelcher Unternehmen an den Märkten ein. Manchmal gerät auch eine ganze Branche in einen Abwärtssog. Noch seltener erfolgt ein Ausverkauf des gesamten Marktes, wenn sich ein Makroschock wie etwa der 11. September ereignet.

Papa Patel, Manilal, Branson, Graham, Munger und Buffett achteten immer auf eine deutliche Sicherheitsmarge und gingen nur Wetten mit niedrigem Risiko und hohem Ertrag ein. Das ist das wahre Gewinnrezept.

Kapitel 13

Dhandho-Lektion Nr. 8

Investieren Sie in Unternehmen mit niedrigem Risiko und hoher Ungewissheit

Papa Patel, Manilal, Branson und Mittal investierten allesamt in risikoarme Unternehmungen. Wie sich ihre Firmen entwickeln würden, war allerdings höchst ungewiss. Unsere klugen Dhandho-Investoren hatten die verschiedenen möglichen Ausgänge jedoch durchdacht und konnten sich damit beruhigen, dass sie entweder sehr wenig Kapital eingesetzt hatten und/oder die Wahrscheinlichkeit eines dauerhaften Kapitalverlusts extrem gering war – zwei durchaus wünschenswerte Eigenschaften eines Investments. Ihre Unternehmen hatten eines gemeinsam: Sie waren durch geringes Risiko und hohe Ungewissheit gekennzeichnet.

Auch ohne Anwendung der Kelly-Formel wussten diese Investoren, dass die Wahrscheinlichkeit einer exzellenten Rendite groß war, die Gefahr eines dauerhaften Kapitalverlusts dagegen sehr gering. Die Wette war also einfach: Bei Kopf gewinne ich, bei Zahl verliere ich nicht viel.

Die Wall Street verwechselt gelegentlich Risiko und Ungewissheit und von dieser Verwechslung können Sie erheblich profitieren. Die

Börse hasst Unwägbarkeiten und sie bringt diese Abneigung zum Ausdruck, indem sie den Aktienkurs der betreffenden Unternehmen auf Sinkflug schickt. Die folgenden Szenarien können eine Aktie leicht in die Knie zwingen:

Hohes Risiko, geringe Ungewissheit
Hohes Risiko, hohe Ungewissheit
Geringes Risiko, hohe Ungewissheit

Die vierte mögliche Kombination, geringes Risiko und geringe Ungewissheit, wird von der Wall Street geliebt und die entsprechenden Wertpapiere weisen die höchsten Trading-Multiplikatoren auf. Von diesen Unternehmen lassen Sie besser die Finger. Von den vorgenannten drei Kombinationen interessiert die Kenner der hohen Kunst des Dhandhos die dritte, also das geringe Risiko bei großer Ungewissheit. Dieses Szenario eröffnet uns die beste aller Wettchancen, nämlich bei Kopf zu gewinnen und bei Zahl nicht viel zu verlieren.

American Express, ADP, Paychex, Procter & Gamble und Costco sind sämtlich Unternehmen mit geringen Unwägbarkeiten. Diese Aktien sind selten zum Schnäppchenpreis zu haben. Wenn aber doch einmal Ungewissheit ihre Zukunft verdüstert, wie es bei American Express in den 60er-Jahren der Fall war, erholt sich die Aktie artig wieder.

Stewart Enterprises

Ein anschauliches Beispiel für ein Unternehmen mit niedrigem Risiko und hoher Ungewissheit liefert die Situation von Stewart Enterprises (STEI) im Jahr 2000. Stewart, das im Bestattungswesen tätig ist, besteht bereits seit 96 Jahren und ging Anfang der 90er-Jahre an die Börse.[60] Die Branche der Bestattungsdienstleistungen war durch eine starke Fragmentierung gekennzeichnet, bis einige Institute in den 90er-Jahren nach ihrem Börsengang zahlreiche kleine Häuser übernahmen und sich so zu milliardenschweren Unternehmen entwickelten. Akteure wie Stewart Enterprises (STEI), Loewen, Service Corp. (SRV) und Carriage Services (CSV) gingen unter den kleinen Familienbetrieben auf große Einkaufstour, bis sie schließlich bis zum Hals verschuldet waren.

Alle drei Unternehmen begingen den Fehler, dass sie die Übernahmen nicht mit Aktien, sondern bar bezahlten und zur Finanzierung der Zukäufe reichlich Kredite aufnahmen. Das Spielchen endete, als Loewen unter seiner Schuldenlast zusammenbrach und Konkurs anmelden musste. Die Wall Street verlor ihr Interesse an der Bestattungsbranche und die Aktienkurse kannten nur noch eine Richtung – abwärts. Banken und Kreditgeber zeigten sich von nun an geizig und drängten die Unternehmen zur Reduzierung ihres Verschuldungsgrads. Ohne weitere Akquisitionen gingen die Umsätze zurück und von Wachstum konnte keine Rede mehr sein.

Im Jahr 2000 wies Stewart langfristige Finanzschulden in Höhe von 930 Millionen Dollar aus, von denen rund 500 Millionen 2002 fällig wurden. An der Wall Street kamen Zweifel an der Schuldentilgungsfähigkeit der Bestattungsriesen auf und die Börse bewertete die Aktien so, als hätte für die Unternehmen bereits das Totenglöckchen geläutet. In der Folge stürzte die Stewart-Aktie binnen zwei Jahren von 28 Dollar auf unter 2 Dollar ab (Abbildung 13.1).

Als ich mir im Herbst 2000 die von *Value Line* veröffentlichten Listen der Aktien mit dem niedrigsten Kurs-Gewinn-Verhältnis ansah, fiel mir etwas auf. Zwei Papiere, von denen ich noch nie gehört hatte, rangierten Woche für Woche unter den Werten mit dem niedrigsten KGV des gesamten Universums von *Value Line* – und zwar die Aktien von Service Corp. und Stewart Enterprises. Beide wiesen ein KGV von unter 3 aus. Ich betrachte die Listen von *Value Line* nun schon seit einigen Jahren und habe unter den 1600 Aktien nur selten Wertpapiere gesehen, die mit weniger als dem Dreifachen des Gewinns je Aktie bewertet werden. Außerdem stellte ich fest, dass beide Unternehmen in der Bestattungsindustrie tätig waren. Das schien mir eine leicht zu durchschauende Branche zu sein und ich beschloss, mich genauer mit der Materie zu beschäftigen.

Abbildung 13.1: Die Aktie von Stewart Enterprises (STEI) fiel zwischen 1998 und 2000 von 28 auf 2 Dollar.

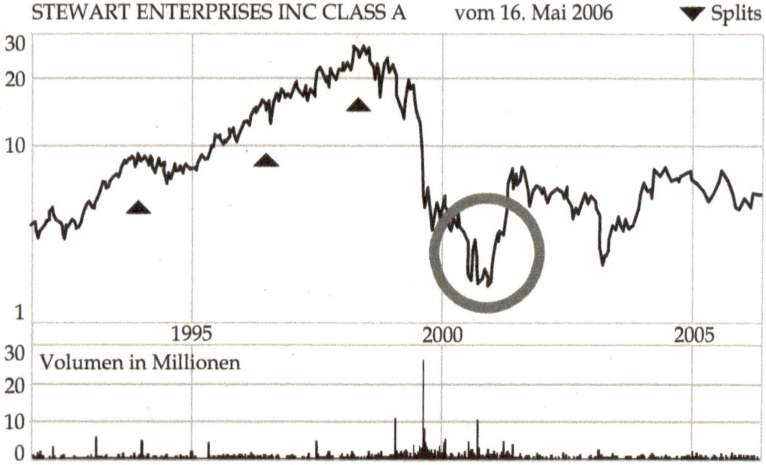

Ich erinnerte mich an einen interessanten Artikel, den ich Mitte der 90er-Jahre in der *Chicago Tribune* gelesen hatte und der sich mit den Misserfolgsquoten von Unternehmen in den unterschiedlichen Branchen befasste. Besonders interessant war eine Tabelle, die die Insolvenzquote für die einzelnen SIC-Branchencodes aufzeigte: Die geringste Insolvenzquote von allen Branchen hatte das Bestattungswesen. Nachdem ich eine Weile darüber nachgedacht hatte, schien mir dieses Ergebnis logisch:

- Familien legen großen Wert darauf, dass verstorbene Angehörige eine würdige Beerdigung erhalten, und gehen daher nicht auf Schnäppchenjagd. Wahrscheinlich bleiben sie bei dem Institut, das auch schon in der Vergangenheit Bestattungen für die Familie durchgeführt hat.

- Ich kenne keinen einzigen Jugendlichen, der im Bestattungswesen einmal groß herauskommen möchte. Die morbide Natur der Branche sorgt dafür, dass sich die Zahl der Neugründungen sehr in Grenzen hält.
- Wie Warren Buffett kurz und bündig feststellte, sind unbeständige Branchen schlecht für Investoren. Die Möglichkeiten, die die meisten Menschen für ihre Bestattung in Betracht ziehen, sind stark eingeschränkt und werden sich auch in Hunderten von Jahren nicht wesentlich ändern. Selbst die zu beobachtende Verlagerung vom Begräbnis zur Einäscherung vollzieht sich allmählich, sodass sich die Institute gut darauf einstellen können.
- Die Bevölkerung der Vereinigten Staaten wächst weiter und wird dies den Prognosen nach auch in den nächsten Jahrzehnten tun. Das wird im Bestattungswesen auf Jahre hinaus für stete Einnahmen sorgen.
- Wenngleich die steigende Lebenserwartung die kurzfristigen Umsatzerwartungen etwas dämpfen kann, gleicht die oftmals frühzeitige Organisation einer Bestattung diesen Trend wieder aus. Diese schon weit vor dem Bedarfsfall entstehenden Umsätze machen bei vielen Instituten rund 25 Prozent des Umsatzes aus. Wären Sie nicht auch gerne in einer Branche tätig, in der die Kunden heute schon für einen Service bezahlen, den sie erst in 40 Jahren in Anspruch nehmen?

Mit diesen Eigenschaften müssten Bestattungsinstitute mit hohen Aufschlägen und zweistelligen Kurs-Gewinn-Verhältnissen gehandelt werden. Ein sicherer Cashflow ist ihnen gewiss. Und trotzdem wurden diese todsicheren Unternehmen von der Wall Street abgeschrieben.

Im Juli 2000 gab es keine klare Antwort auf die Frage, wie Stewart seine Finanzschulden tilgen und einen Zahlungsverzug vermeiden wollte. Die Wall Street ging davon aus, dass Stewart infolge von Zahlungsunfähigkeit Konkurs anmelden müsste, und ließ die Aktie abstürzen. Damals erzielte Stewart einen Jahresumsatz von rund 700 Millionen Dollar und besaß rund 700 Friedhöfe und Bestattungsinstitute in neun

Ländern, den Großteil davon in den Vereinigten Staaten. Der Buchwert je Aktie, ohne immaterielle Vermögenswerte, lag bei 4 Dollar. Die Aktie wurde somit zum halben Buchwert gehandelt. Da der Buchwert Vermögensgegenstände wie Grundstücke zu Anschaffungskosten enthielt, war er wahrscheinlich zu niedrig angegeben.

Der Cashflow aus der Geschäftstätigkeit von Stewart belief sich für den Halbjahreszeitraum bis zum 30. April 2000 auf rund 38 Millionen Dollar oder rund 0,36 Dollar je Aktie. Auf das Jahr hochgerechnet erzeugte das Unternehmen einen freien Cashflow von rund 0,72 Dollar je Aktie. Das Papier wurde also mit weniger als dem Dreifachen des Cashflows und mit rund einem Viertel des Jahresumsatzes je Aktie gehandelt.

Rein äußerlich änderte sich nach der Übernahme Hunderter von familiengeführten Bestattungshäusern nichts. Die Namen wurden beibehalten, da die Institute in ihren Gemeinden einen beträchtlichen Markenwert erworben hatten. Verwaltung, Merchandising, der Vertrieb vorausbezahlter Beerdigungen etc. wurden jedoch gestrafft und vereinheitlicht. Jedes dieser Bestattungsinstitute präsentierte sich als glänzendes Unternehmen mit lukrativem, vorhersehbarem Cashflow. Der Übeltäter war die schwache Bilanz von Stewart.

Als die Verbindlichkeiten fällig wurden, erwirtschaftete Stewart einen freien Cashflow von über 155 Millionen Dollar, sodass ein Fehlbetrag von unter 350 Millionen Dollar blieb. Ich kam zu dem Schluss, dass es für Stewart in den kommenden 24 Monaten fünf mögliche Szenarien gab:

1. Stewart hatte Hunderte von familiengeführten Instituten übernommen, die alle ihren Namen beibehalten haben und als eigenständiges Unternehmen arbeiten. Die meisten Kunden wissen gar nicht, dass ein Eigentümerwechsel stattgefunden hat. Um an Geld zu kommen, kann Stewart einige seiner Bestattungshäuser verkaufen. Wahrscheinlich würden viele der früheren Inhaber sie sogar zurückkaufen. Stewart hatte für die Institute in den meisten Fällen das 8-Fache des Cashflows oder mehr bezahlt und meiner Meinung nach müsste es dem Unternehmen gelingen, viele Institute für das 4- bis 8-Fache des Cashflows an die alten Inhaber zurückzuverkaufen. Es müssten

also 100 bis 200 Häuser veräußert werden, um die Schulden tilgen zu können.

- Die Wahrscheinlichkeit, die ich diesem Szenario beimaß: 25 Prozent
- Marktwert des Eigenkapitals in 24 Monaten, wenn dieses Szenario eintrat: > 4 Dollar je Aktie

2. Die Banken oder Kreditgeber von Stewart werfen einen Blick auf den konstanten Cashflow und das zukunftssichere Geschäftsmodell und verlängern die Laufzeit der Kredite oder willigen in eine Umschuldung ein – vor allem, wenn Stewart ihnen anbietet, höhere Zinsen zu zahlen (zum Beispiel 200 Basispunkte über dem bisher geltenden Satz).

    - Die Wahrscheinlichkeit, die ich diesem Szenario beimaß: 35 Prozent
    - Marktwert des Eigenkapitals in 24 Monaten, wenn dieses Szenario eintrat: > 4 Dollar je Aktie

3. Stewart hält nach einem weiteren Kreditgeber Ausschau. Angesichts des robusten Cashflows müssten sich viele Geldgeber finden lassen – vor allem, wenn das Unternehmen bereit ist, 100 oder 200 Basispunkte über dem bisherigen Zinssatz zu zahlen.

    - Die Wahrscheinlichkeit, die ich diesem Szenario beimaß: 20 Prozent
    - Marktwert des Eigenkapitals in 24 Monaten, wenn dieses Szenario eintrat: > 4 Dollar je Aktie

4. Stewart meldet Insolvenz an. In einem solchen Insolvenzverfahren wird der Richter den Verkauf einiger Institute anordnen, damit mit den Erlösen die fälligen Verbindlichkeiten getilgt werden können. Auch bei einem Notverkauf würden sich die Bestattungsinstitute

aufgrund des Wettbewerbs unter den Käufern immer noch mit dem 5- bis 7-Fachen des Cashflows veräußern lassen. Einige Hundert Häuser werden (mindestens) verkauft und Stewart geht gestärkt aus dem Insolvenzverfahren hervor.

- Die Wahrscheinlichkeit, die ich diesem Szenario beimaß: 19 Prozent
- Marktwert des Eigenkapitals in 24 Monaten, wenn dieses Szenario eintrat: > 2 Dollar je Aktie

5. Ein gewaltiger Komet schlägt ein oder der Yellowstone-Vulkan bricht aus oder eine andere Katastrophe setzt den Eigenkapitalwert von Stewart auf null.

- Wahrscheinlichkeit, die ich diesem Szenario beimaß: 1 Prozent
- Marktwert des Eigenkapitals in 24 Monaten, wenn dieses Szenario eintrat: > null Dollar je Aktie

Natürlich war es äußerst *ungewiss*, welches dieser Szenarien eintrat. Das Risiko eines dauerhaften Kapitalverlusts lag aber bei unter einem Prozent. Wir haben hier ein perfektes Beispiel für eine Situation, die von *sehr hoher Ungewissheit* und *sehr geringem Risiko* geprägt ist. Wenn die Wall Street mit einem solchen Szenario konfrontiert würde, würde sie die Aktie des Unternehmens wahrscheinlich in den Keller sinken lassen. Nutzen Sie Situationen, in denen die Börse Ungewissheit mit Risiko verwechselt. Das Resultat ist für gewöhnlich sehr ansprechend.

Ich hatte damals zwar noch nichts von der Kelly-Formel gehört, konnte mir jedoch mit Grundkenntnissen in Mathematik ausrechnen, dass ich es mit einer sehr günstigen Wette zu tun hatte. (Nach der Kelly-Formel müssten Sie für diese Wette übrigens etwa 97 Prozent Ihrer verfügbaren Geldmittel einsetzen.)

Im dritten und vierten Quartal 2000, als die Aktie von Stewart Enterprises für unter 2 Dollar zu haben war, investierte Pabrai Funds 10 Prozent seines Vermögens in das Unternehmen. Aussteigen wollten wir, wenn das Papier binnen zwei Jahren irgendwann die Marke von 4 Dollar überschreiten sollte.

Einige Monate später, am 15. März 2001, gab Stewart auf einer Telefonkonferenz bekannt, dass es den Verkauf von Bestattungsinstituten und Friedhöfen in Europa, Mexiko und anderen Ländern prüfe. Die internationalen Vermögenswerte machten rund 20 Prozent der Umsätze und des Vermögens aus, erzeugten jedoch keinen großen Kapitalzufluss. Außerhalb der USA besaß Stewart Vermögenswerte von rund 460 Millionen Dollar. Nun, da sich der Nebel der Ungewissheit ein wenig lichtete, stieg die Aktie von 2 auf 3 Dollar.

Man ging davon aus, dass Stewart mit diesen Veräußerungen einen Barerlös von 300 bis 500 Millionen Dollar erzielen würde. Erstaunlicherweise wartete das Management des Unternehmens mit einer besseren Lösung auf, als ich mir vorher ausgemalt hatte. Stewart würde seine Schulden tilgen können, ohne den Cashflow zu reduzieren. Somit können uns bei Kapitalinvestitionen durchaus vorteilhafte Gratis-Optionen geboten werden, wenn eine kompetente Geschäftsleitung sich Maßnahmen einfallen lässt, die unsere Wette noch günstiger machen.

Bis März 2001 hatte Stewart bei weiterhin starkem Cashflow über 50 Millionen Dollar an Finanzschulden getilgt. Nur wenige Wochen später kletterte der Aktienkurs über die Marke von 4 Dollar je Aktie und ich stieg aus. Als Stewart den Veräußerungsprozess schließlich abgeschlossen hatte, sprang die Aktie auf 8 Dollar und bewegte sich dann eine ganze Weile zwischen 6 und 8 Dollar.

Die Wall Street hatte Risiko und Ungewissheit nicht auseinanderhalten können. Kluge Investoren wie Buffett und Graham machen sich dieses Handicap der Börse seit Jahrzehnten mit spektakulären Ergebnissen zunutze. Profitieren auch Sie von dieser Schwäche der Wall Street und halten Sie nach Wetten mit geringem Risiko und hoher Ungewissheit Ausschau.

Wandelanleihen von Level 3

Ein weiteres Beispiel für eine üppige Rendite dank geringen Risikos und hoher Ungewissheit liefern die Wandelanleihen von Level 3 Communications in den Jahren 2001 und 2002. Level 3 ist ein weltweit tätiger Anbieter von Breitbanddiensten und zugehörigen Serviceleistungen, hauptsächlich für die Netzwerk-/Telekommunikationsindustrie. Level 3 wurde mit dem Ziel gegründet, ein globales IP-Netz aufzubauen und zu betreiben, das mit den niedrigsten Übertragungskosten der Welt lockt.[61]

Ich betrachte alle Arten von Technologie-Unternehmen als unvorhersehbar und unbeständig und streiche sie meist schnell von meiner Liste. Folglich hatte mich die gesamte Telekommunikationsindustrie bislang wenig interessiert. Industriezweige, die sich durch schnelle Veränderungen kennzeichnen, sind der Feind eines jeden Anlegers. Aus diesem Grund konzentrieren sich alle Dhandho-Unternehmer auf Branchen, die sich nur sehr langsam ändern. Die fünf Jahre, die ich in der Telekommunikationsindustrie gearbeitet hatte (bei TLAB), bestärkten mich in meiner Ansicht, dass man um diesen Sektor, in dem nur der Wandel konstant war, am besten einen Bogen machte.

Mitte 2001 las ich in *Barron's*[62] einen Artikel, der mich veranlasste, meine Vorbehalte beiseite zu schieben und mich näher mit Level 3 zu befassen. In dem Artikel ging es um das Gerücht, dass Berkshire Hathaway unlängst für rund 350 Millionen Dollar Not leidende Anleihen von Level 3 gekauft hätte. Es macht mir immer Spaß, die Investitionen von Buffett zurückzuverfolgen, mein Interesse war geweckt. Ich wollte herausfinden, warum Buffett in diesem Umfang in eine unvorhersehbare, sich rasch verändernde Branche wie die Breitband-Telekommunikation investierte, wenn er doch für gewöhnlich auf solide Unternehmen wie Coca-Cola und Gillette setzte. Darüber hinaus hatte er mehrfach betont, dass er sich im Hightech-Bereich nicht auskannte und diesen daher gerne überging. Wenn an dem Gerücht etwas dran war, warum kaufte Warren Buffett plötzlich Anleihen von Level 3?

Meine Recherchen förderten schnell die folgenden Fakten zutage: Level 3 war von Peter Kiewit & Co in Omaha gegründet worden. Das Unternehmen ging Anfang 1998 an die Börse und im ersten Quartal 2000, zur Zeit des Nasdaq-Booms, erreichte die Aktie mit 130 Dollar ihren Höchststand. Der Börsenwert belief sich damals auf rund 46 Milliarden Dollar. Dann brach der Kurs ein und gab 2002 gegenüber dem Höchstwert um 97 Prozent nach. Level 3 hatte über 10 Milliarden Dollar in den Bau hochmoderner Glasfasernetze in den USA, Europa und Asien investiert, einschließlich transatlantischer Highspeed-Leitungen. Dieses Projekt war teils mit Krediten, teils mit Eigenkapital finanziert worden, sodass sich die Finanzschulden von Level 3 nun auf 6 Milliarden Dollar beliefen (Nominalbetrag). Die flüssigen Mittel betrugen 1,5 Milliarden Dollar, aus der Kreditlinie waren noch 650 Millionen Dollar verfügbar.

Es folgt eine Aufstellung der Finanzschulden von Level 3 nach Rückzahlungsvorrang zum 31. Dezember 2001 (in Tausend Dollar):

Bankschulden	1.125.000
Hypotheken	232.000
Gesicherte Schulden insgesamt	**1.357.000**
2008 Senior Notes 9,125 Prozent	1.430.000
2008 Senior Notes 11 Prozent	442.000
2008 Senior Notes 10,5 Prozent	583.000
2008 Euro Senior Notes 10,75 Prozent	307.000
2010 Senior Notes 12,875 Prozent	386.000
2010 Euro Senior Notes 11,25 Prozent	93.000
2010 Senior Notes 11,25 Prozent	129.000
Vorrangige ungesicherte Schulden insgesamt	**3.370.000**

2010 Convertible Subordinated Notes 6 Prozent	728.000
2009 Convertible Subordinated Notes 6 Prozent	612.000
Nachrangige ungesicherte Schulden insgesamt	**1.340.000**
Finanzschulden insgesamt	**6.067.000**

Der Großteil der ungesicherten Finanzschulden von Level 3 in Höhe von über 4 Milliarden Dollar wurde 2001 und 2002 mit 18 bis 50 Cents auf den Dollar gehandelt und die Jahresrenditen lagen zwischen 25 und 45 Prozent. Das sind bemerkenswerte Zahlen für ein Unternehmen, das sich nicht in der Insolvenz befindet. Wie die Kurse andeuteten, war die Wall Street sich fast hundertprozentig sicher, dass Level 3 auf einen Konkurs zusteuerte und die Anleihen damit so gut wie verloren waren.

Der Umsatz von Level 3 hatte sich bis Ende 2001 folgendermaßen entwickelt:

1998	392 Millionen Dollar
1999	515 Millionen Dollar
2000	1,2 Milliarden Dollar
2001	1,5 Milliarden Dollar

Der freie Cashflow (nach sämtlichen Investitionsausgaben [Capex]) sah bis 2001 wie folgt aus:

1999	2,9 Milliarden Dollar
2000	4,4 Milliarden Dollar
2001	2,1 Milliarden Dollar

2002 gab das Unternehmen an, dass es mit einem Kapitalabfluss von weit unter einer Milliarde Dollar rechnete, für 2003 mit einem Abfluss von weit unter 500 Millionen Dollar, bevor es ab 2004 wieder einen positiven Cashflow erwartete. Das Unternehmen beabsichtigte, seine flüssigen Mittel von über 2 Milliarden Dollar in den nächsten drei Jahren konservativ einzusetzen, bis der Cashflow wieder positiv wäre. Angesichts der geplatzten Internetblase und angespannter Kapitalmärkte wollte sich das Unternehmen mit Investitionsausgaben nun sehr zurückhalten.

In allen Telefonkonferenzen hob Jim Crowe, CEO von Level 3, immer wieder hervor, dass dem Unternehmen auf keinen Fall das Geld ausgehen würde. Er betonte beharrlich, dass Level 3 über ausreichende Finanzmittel für einen ausgeglichenen Cashflow verfügte und 80 Prozent der zukünftigen Investitionsausgaben an den Umsatz gebunden seien. Man würde also nicht unbesonnen investieren, wenn das Unternehmen keinen Umsatz erzielte. Level 3 legte detailliert dar, aus welchen Gründen die Zahlungsfähigkeit gesichert wäre. Es folgt ein Auszug aus einer Pressemitteilung von Level 3 vom 25. Februar 2002:

> *»Wenn wir alle aktuellen Transaktionen und Vorfälle berücksichtigen«, so James Q. Crowe, CEO von Level 3, »glauben wir, dass Level 3 nach wie vor über ausreichende Finanzmittel verfügt, um einen ausgeglichenen freien Cashflow zu erzielen. Dabei bewahren wir uns im Einklang mit unserem Geschäftsplan ein beträchtliches Polster – selbst wenn unsere gegenwärtigen Umsatzzahlen sich nicht mit der Zeit verbessern.«*[63]

Analysten sagten voraus, dass Level 3 schließlich flüssige Mittel in Höhe von rund 500 Millionen Dollar fehlen würden. Zu dieser Prognose gelangten sie durch eine Reduzierung der Umsatzzahlen, ohne jedoch von ebenfalls rückläufigen Investitionsausgaben auszugehen. Das Unternehmen widersprach dieser Vorhersage vehement, da es praktisch seinen gesamten Investitionsaufwand an den Umsatz geknüpft und diese Ausgaben drastisch zurückgefahren hatte.

Während meiner Recherchen hörte ich mir das gesamte dreistündige Webcast der Jahresversammlung von Level 3 aus dem Jahr 2001 an, einschließlich der interessanten Fragestunde mit Jim Crowe. Diese ließ mich tief beeindruckt zurück. Crowe ist ein großer Fan von Warren

Buffett und setzt sich in gleichem Maße wie Buffett für die Interessen der Aktionäre ein. Die über 5000 Mitarbeiter von Level 3 erhalten ausschließlich Outperformance Stock Options, die nur ausgeübt werden können, wenn die Aktie sich besser entwickelt als der Vergleichsindex.

Gründer/Chairman von Level 3 ist Walter Scott Jr., der im Verwaltungsrat von Berkshire Hathaway sitzt. Buffett und Scott kennen sich schon seit über 50 Jahren. Scotts Ehefrau war zu Highschool-Zeiten Buffetts Freundin. Wenn es außer Warren Buffett noch einen Menschen gibt, der die Integrität in Person ist, dann ist es Walter Scott Jr. Der Kerl kann einfach nicht lügen. Auf alles, was er sagt, können Sie sich hundertprozentig verlassen.

Irgendwann im Jahr 2001 sanken die Wandelanleihen auf 18 Cents je Dollar. Selbst die schwärzesten Prognosen der Wall Street gingen davon aus, dass das Unternehmen noch mindestens drei Jahre lang Zinsen auf die Anleihen zahlen würde. Würde ich 6-Prozent-Coupons für 18 Cents auf den Dollar kaufen, bekäme ich mein Geld also auf jeden Fall zurück, bevor das Unternehmen pleite wäre. Auch für Anleger, die noch nie von Walter Scott Jr. gehört hatten, hatte diese Medaille einfach keine Kehrseite. Umso erstaunlicher war es, dass die Anleihen überhaupt auf diesen Kurs gefallen waren.

Pabrai Funds investierte 2001 und 2002 10 Prozent seines Vermögens in erstrangige Anleihen und Wandelanleihen von Level 3. Ein Jahr später sollte sich übrigens bestätigen, dass Warren Buffett sich ebenfalls an Level 3 beteiligt hatte (*Barron's* hatte also recht gehabt). Die laufende Rendite belief sich auf 20 bis 30 Prozent, die Endfälligkeitsrendite auf 30 bis über 40 Prozent.

Im dritten Quartal 2003 stieg ich vollständig aus den Anleihen aus. Sie waren von 54 Cents auf 73 Cents je Dollar gestiegen. Zusätzlich erzielte Pabrai Funds in dem gesamten Zeitraum einen laufenden Zinsertrag von über 20 Prozent. Auf Jahresbasis umgerechnet belief sich der Gewinn durchschnittlich auf fast 120 Prozent. Ein Großteil der Anleihen wurde nach einer Halteperiode von exakt 366 Tagen verkauft, um als langfristiger Kapitalertrag behandelt und somit steuerlich begünstigt zu werden.

Meine Nachforschungen über Level 3 kosteten mich einige Zeit und Mühe. Sie führten mich jedoch zu klaren Schlussfolgerungen und ich musste den verschiedenen Szenarien nur noch Wahrscheinlichkeiten zuordnen. Zusammengefasst stellte ich folgende Überlegungen über das Investment an:

1. Die beteiligten Personen spielten bei diesem Investment eine bedeutende Rolle. Die Wahrscheinlichkeit, dass Walter Scott Jr. log, bewertete ich mit unter einem Prozent. Wenn Jim Crowe in Pressemitteilungen oder auf der Jahresversammlung Erklärungen abgibt, ist das ebenso glaubwürdig, als würde Walter Scott Jr. diese Aussagen machen. Daher lag die Wahrscheinlichkeit, dass Jim Crowe der Öffentlichkeit ins Gesicht log, meiner Ansicht nach ebenfalls bei unter einem Prozent. Der Wall Street kam es jedoch gar nicht in den Sinn, diese wichtige Tatsache zu berücksichtigen. Sie betrachtete den gesamten Sektor als gefährdet und wer welche Äußerungen tat, spielte in ihren Augen keine Rolle. Nun, in diesem Punkt irrte die Wall Street gewaltig.

2. Wenn Jim Crowe nicht log, konnte man seinen Äußerungen entnehmen, dass das Unternehmen alles daransetzen würde, die Insolvenz zu vermeiden. Level 3 würde nicht das Handtuch werfen, ohne vorher nicht alles versucht zu haben. Das hieß, dass das Unternehmen sein Polster von 2,1 Milliarden Dollar aufrechterhalten würde, bis der Cashflow wieder positiv wäre. Die flüssigen Mittel in Höhe von 2,1 Milliarden bedeuteten, dass die Kapitalgeber von Level 3 mindestens drei Jahre lang Zinszahlungen erhalten würden.

3. Ein gutes Management verschafft Ihnen günstige Gratis-Alternativen. Walter Scott Jr. genoss einen exzellenten Ruf. Level 3 befand sich in einer ähnlichen Situation wie GEICO Anfang der 70er-Jahre. Damals setzte Buffetts Geldspritze bei GEICO zwei Entwicklungen in Gang: (a) Sie beseitigte die Liquiditätskrise des Unternehmens; und (b) nachdem die Liquiditätssorgen ausgeräumt waren, erholte

sich die Aktie und wurde entsprechend den zugrunde liegenden Fundamentaldaten gehandelt. Buffett konnte mit seiner GEICO-Investition also gar kein Kapital verlieren. Stünden Level 3 mehr flüssige Mittel zur Verfügung, würden die Anleihen zum Nominalwert gehandelt und das Unternehmen könnte wesentlich leichter Großinvestoren anlocken. Mit Freunden wie Warren Buffett und dem hervorragenden Renommee von Walter Scott Jr. konnte Level 3 viele Hebel in Bewegung setzen, um etwaige Liquiditätsprobleme zu beseitigen. Das machte sich Level 3 in den kommenden Jahren einige Male zunutze.

4. Im Jahr 2003 nutzte Level 3 tatsächlich seinen Goodwill. Das Unternehmen platzierte im privaten Kreis Wandelanleihen und seine Freunde (Berkshire Hathaway, Longleaf Partners und Legg Mason Value Trust) griffen für Hunderte von Millionen zu. Jetzt, da Warren Buffett, Bill Miller, Staley Cates und Mason Hawkins sich öffentlich zu Level 3 bekannten, war die Wahrscheinlichkeit einer Insolvenz praktisch auf null gesunken. Diese Investoren genossen ein derartiges Vertrauen, dass Level 3 von nun an aus einer großen Zahl von Investoren würde auswählen können, falls es wieder frisches Kapital bräuchte. Sobald die Platzierung abgeschlossen war, erholten sich die Anleihen und ich stieg aus. Wir schreiben nun das Jahr 2006 und Level 3 hat noch immer nicht Insolvenz angemeldet. Ganz im Gegenteil: Die meisten Anleihen von Level 3 werden über Pari gehandelt.

Ausgehend von den obigen Informationen ergaben sich beim Kauf der 6-Prozent-Anleihe zu 19 Cents im Jahr 2002, konservativ berechnet, folgende Wahrscheinlichkeiten:

- Wahrscheinlichkeit, 2009 einen Dollar und von 2002–2009 über 30 Prozent Zinsen zu erhalten: 50 Prozent
- Wahrscheinlichkeit, die Investition von 0,19 Dollar zurückzuerhalten (Break-even): 45 Prozent

- Wahrscheinlichkeit eines Verlusts von 0,13 Dollar: 2 Prozent
- Wahrscheinlichkeit eines Totalverlusts: 3 Prozent

Wir hatten also eine 50-prozentige Chance, pro investierten 19 Cents 1,36 Dollar zu erhalten, und eine Chance von 95 Prozent, das eingesetzte Kapital nicht zu verlieren. Das klang ganz nach dem Motto: »Bei Kopf gewinne ich, bei Zahl verliere ich nicht viel.« Kelly empfahl, über 92 Prozent des verfügbaren Kapitals auf diese verlockende Wette zu setzen. Da ich ein Feigling bin, investierte ich nur 10 Prozent des von mir verwalteten Vermögens in die Wandelanleihen von Level 3.

Die 6-Prozent-Anleihen mit Fälligkeit im Jahr 2009 sanken in den Jahren 2001 und 2002 nur für wenige Tage auf 18 bis 19 Cent. Allerdings wurden sie in diesem Zeitraum mehrere Monate lang mit unter 30 Cent gehandelt. Bei diesen Kursen hätten wir problemlos mehrere Millionen Dollar in die Papiere investieren können. Ein Kauf zu 30 Cent bescherte uns, sehr vorsichtig gerechnet, folgende Gewinnchancen:

- Wahrscheinlichkeit, 2009 einen Dollar und von 2002 bis 2009 über 30 Prozent Zinsen zu erhalten: 50 Prozent
- Wahrscheinlichkeit, 0,19 Dollar zurückzuerhalten (Verlust von 0,11 Dollar): 45 Prozent
- Wahrscheinlichkeit eines Verlustes von 0,24 Dollar: 2 Prozent
- Wahrscheinlichkeit eines Totalverlusts: 3 Prozent

Auch das sind äußerst verlockende Aussichten und laut Kelly-Formel müssten wir über 86 Prozent unseres Kapitals auf diese Wette setzen.

Frontline

Ein besonders anschauliches Beispiel für die Unfähigkeit der Wall Street, zwischen Risiko und Ungewissheit zu unterscheiden, liefert die Kursentwicklung von Frontline (FRO) im dritten Quartal 2002. Ich sehe mir regelmäßig die wöchentlich von *Value Line* veröffentlichten Listen der Aktien mit der höchsten Dividendenrendite an. Meistens macht höchstens eine Handvoll Unternehmen durch eine Dividendenrendite von 10 bis 12 Prozent auf sich aufmerksam. Manchmal deutet eine hohe Dividendenrendite darauf hin, dass eine Aktie unterbewertet ist. Ebenso wie bei Listen von Aktien mit niedrigem KGV oder 52-Wochen-Tief lohnt also auch hier ein näherer Blick.

2001 stachen mir zwei Unternehmen mit einer Dividendenrendite von über 15 Prozent ins Auge,[64] die beide im Seetransport von Rohöl tätig waren. Eines dieser Unternehmen hieß Knightsbridge (VLCC). Ich hatte zwar keine Ahnung von der Branche, wollte jedoch mehr darüber erfahren und herausfinden, warum diese beiden Unternehmen so hohe Dividendenrenditen aufwiesen. Also verbrachte ich einige Tage damit, mich über Knightsbridge und das Öltankergeschäft zu informieren.[65]

Als Knightsbridge vor einigen Jahren gegründet wurde, bestellte es mehrere Öltanker bei einer koreanischen Werft. Für den Kauf eines VLCC-Tankers (Very Large Crude Carrier) oder eines Suezmax legen Sie 60 bis 80 Millionen Dollar auf den Tisch und auf diese Schiffe warten Sie nach Auftragserteilung meistens zwei bis drei Jahre. Als Knightsbridge seine Tanker erhielt, übergab es die Schiffe im Rahmen langfristiger Leasing-Verträge an Shell Oil. Nach dem Vertrag zahlte Shell eine Grundcharter (sagen wir 10.000 Dollar pro Tag und Tanker), unabhängig davon, ob es den Tanker tatsächlich einsetzte. Zusätzlich erhielt Knightsbridge von Shell einen bestimmten Prozentsatz der Differenz zwischen der Grundcharterrate und dem aktuellen Spotmarkt-Preis für eine VLCC-Miete.

Lag der Spotmarktpreis für einen VLCC-Supertanker bei 30.000 Dollar pro Tag, kassierte Knightsbridge vielleicht 20.000 Dollar täglich. Belief sich der Spotmarktpreis auf 50.000 Dollar, erhielt Knightsbridge eventuell 35.000 Dollar etc. Mit der Grundcharterrate zahlte Knightsbridge Tilgung und Zinsen der Kredite, die es für den Kauf der Tanker aufgenommen hatte. Bei Charterraten von über 10.000 Dollar erzielte das Unternehmen einen positiven Cashflow. Etwaige Überschüsse wollte Knightsbridge an die Aktionäre ausschütten. Das war natürlich wunderbar und ich wünsche mir, alle Aktiengesellschaften würden diesem Beispiel folgen.

Aufgrund der ungewöhnlichen Marktstruktur und des außergewöhnlichen Leasing-Vertrags steigt die Dividende des Unternehmens bei wachsenden Tanker-Charterraten steil an. Das geschah 2001, als die Charterrate, die normalerweise zwischen 20.000 und 30.000 Dollar pro Tag rangiert, auf den Tagessatz von 80.000 Dollar kletterte. Knightsbridge strich damals astronomische Gewinne ein und die Dividendenrendite schnellte in die Höhe. Diese Situation war jedoch natürlich nicht von langer Dauer.

Genau aus diesem Grund verzeichnete die Knightsbridge-Aktie keinen Kurssprung. Charterraten unterliegen extremen Schwankungen. Da die Dividende leicht auf null sinken konnte, strich ich Knightsbridge von meiner Liste. Als ich mich damals näher mit Knightsbridge befasste, nahm ich auch ein halbes Dutzend anderer börsennotierter Firmen aus der Öltankerbranche unter die Lupe.

Im Investmentgeschäft macht sich alles Wissen bezahlt. Ich investierte zwar nicht in Knightsbridge, gewann jedoch einen gründlichen Einblick in das Öltankergeschäft. 2001 ergab sich eine interessante Situation bei einem anderen Tankerbetreiber namens Frontline. Frontline, das von allen Aktiengesellschaften die größte Tankerflotte der Welt unterhält, verfolgt genau das entgegengesetzte Geschäftsmodell von Knightsbridge. Die gesamte Flotte befindet sich auf dem Spotmarkt und es wurden nur sehr wenige langfristige Charterverträge abgeschlossen. Da Frontline mit seinen Tankern auf dem Spotmarkt aktiv ist, gibt es keine Gewinnprognosen oder Vorgaben. Nicht einmal der CEO des Unternehmens weiß, wie sein Umsatz im nächsten Quartal aussehen wird. Das ist gut für uns, denn wenn die Börse den Überblick verliert, können wir davon profitieren. Frontline ist ein Unternehmen, dessen Erträge von Jahr zu Jahr stark schwanken können.

Mietpreise für Öltanker lagen schon bei 6000 Dollar wie auch bei 100.000 Dollar am Tag. Frontline braucht 18.000 Dollar täglich, um die Gewinnschwelle zu erreichen. Fallen die Charterraten unter diesen Satz, muss Frontline bluten. Liegen sie dagegen bei 30.000 bis 35.000 Dollar am Tag oder darüber, macht das Unternehmen kräftig Gewinn. Im dritten Quartal 2002 brachen die Charterraten ein. Aufgrund der Rezession in den Vereinigten Staaten und anderer Faktoren schrumpfte die zu verschiffende Rohölmenge kräftig und die Tagesraten sanken auf 6000 Dollar. Infolgedessen stürzte die Frontline-Aktie binnen drei Monaten von 11 Dollar auf 3 Dollar ab.

Frontline besaß damals etwa 70 VLCC-Tanker. Während die Chartertagesraten eingebrochen waren, waren die Tankerpreise nur um rund 10 bis 15 Prozent zurückgegangen und hatten sich somit nicht großartig verändert. Es gibt einen regen Markt für den Kauf und Verkauf von Öltankern. Frontline wies ohne immaterielle Vermögenswerte einen Buchwert von rund 16,50 Dollar je Aktie aus. Selbst bei einem flauen Schiffsmarkt würde der Liquidationswert immer noch bei über 11 Dollar je Aktie liegen. Der Aktienkurs war innerhalb von kurzer Zeit von 15 Dollar auf 3 Dollar gefallen (siehe Abbildung 13.2). Frontline wurde also mit weniger als einem Drittel seines Liquidationswerts gehandelt. Doch wie würden sich die hohen Verluste auswirken? Würde der Liquidationswert nicht sinken? Frontline verfügte über umfassende liquide Mittel. Daher konnte das Unternehmen eine Tagesrate von nur 6000 Dollar über mehrere Monate verkraften, ohne in Liquiditätsnöte zu geraten. Außerdem würde der Verkauf eines Tankers 60 Millionen Dollar einbringen. Die jährlichen Zinszahlungen beliefen sich insgesamt auf 150 Millionen Dollar. Frontline würde also über mehrere Jahre mit einer Charterrate von 6000 Dollar leben können, wenn es zwei bis drei Schiffe im Jahr veräußerte.

Meine Knightsbridge-Recherchen hatten zutage gefördert, dass auf dem Tankermarkt eine Art Rückkopplung stattfindet. Es gibt zwei Arten von Tankschiffen: Ein- und Doppelhüllentanker. Nach dem Unfall der Exxon Valdez wurden zahlreiche neue Vorschriften für den Seetransport erlassen und nach 2006 müssen alle neuen Tankschiffe mit einer Doppelhülle ausgestattet sein. So soll ein Auslaufen von Öl verhindert werden. Die gesamte Frontline-Flotte besteht aus doppelwandigen Schiffen.

Abbildung 13.2: Irrationale Kursentwicklung von Frontline im dritten Quartal 2002

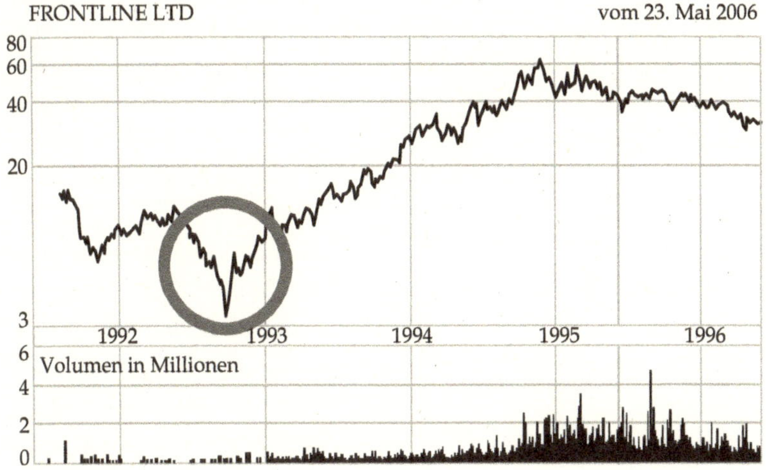

Für den Transport von Rohöl kam noch immer eine große Zahl einwandiger Rostlauben aus den 70er-Jahren zum Einsatz. Wenn der Spotmarktpreis für einen Doppelhüllentanker bei 30.000 Dollar am Tag liegt, beläuft er sich für einwandige Schiffe nur auf 20.000 Dollar. Die Öltransporte vom Nahen Osten nach China oder Indien erfolgen zum Beispiel in Einhüllentankern. Shell oder Exxon lassen von diesen einwandigen Schiffen die Finger, weil der Haftungsumfang im Falle einer Leckage gigantisch wäre. Die dritte Welt sieht Erdölimporte in Einhüllentankern weniger kritisch, die doppelwandigen Schiffe fahren nach Europa und in den Rest der westlichen Welt. Wenn die Charterraten auf 6000 Dollar am Tag sinken, wird das Preisgefälle zwischen ein- und doppelwandigen Tankern jedoch aufgehoben.

Einhüllentanker werden nun nicht mehr gemietet, weil sie bei generell niedrigen Chartertagesraten keine große Einsparung bringen. Also steigen alle Charterkunden auf doppelwandige Schiffe um und der Umsatz mit einer Einhüllentankerflotte sinkt auf null. Die Betreiber dieser Tanker werden in einer solchen Situation natürlich nervös. Durch den Verkauf ihrer Tanker an Schiffsverschrotter können sie sofort einige Millionen Dollar erzielen. Außerdem wissen sie, dass sie ihre Einhüllentanker ab 2006 wesentlich schlechter werden vermieten können. Wenn sie bis 2006 warten, sinkt der Schrottwert wahrscheinlich erheblich, da dann viele dieser Schiffe beim Verschrotter landen werden. Sobald die Tanker-Charterraten in den Keller gehen, nimmt die Verschrottung von Einhüllentankern also zu.

Auf die Lieferung eines neuen Tankers muss ein Unternehmen ab Auftragserteilung zwei bis drei Jahre warten. Wenn die Nachfrage wieder anzieht, ist der Bestand knapp, weil Kapazitäten abgebaut wurden und nicht schnell wieder erweitert werden können. Es liegt ein klarer Zyklus vor. Wenn die Charterraten auf 6000 Dollar pro Tag sinken und einige Woche auf diesem Niveau verharren, können sie nach sehr kurzer Zeit steil ansteigen, beispielsweise auf 60.000 Dollar. 2002 lagen die Mietpreise sieben oder acht Wochen lang bei unter 10.000 Dollar am Tag und sprangen dann im vierten Quartal 2002 auf 80.000 Dollar. Die weltweite Flotte an VLCC-Tankern bestand 2002 aus rund 400 Schiffen. In den vergangenen Jahrzehnten hat sich der weltweite Ölverbrauch um 2 bis 4 Prozent im Jahr erhöht. Dieser Anstieg hängt im Allgemeinen mit dem BIP-Wachstum zusammen. Üblicherweise werden jedes Jahr zehn bis zwölf neue Schiffe hinzugefügt, um den erhöhten Bedarf zu decken. Wenn eine größere Zahl von Schiffen verschrottet wird als üblich, wächst die Flotte nicht mehr um 2 bis 4 Prozent. Bei steigender Ölnachfrage stehen für den Transport dann nicht mehr genug Tanker zur Verfügung. In dieser Situation schnellen die Charterraten in die Höhe.

Wenn sich die Mietpreise lange genug auf hohem Niveau bewegen, werden mehr neue Schiffe bestellt. Allerdings ist die Kapazität der Werften begrenzt. Für die Tankerbetreiber ist es mit einem gewissen Risiko verbunden, 70 Millionen Dollar in ein Schiff zu investieren, das erst in drei Jahren geliefert wird. Niemand weiß, in welchen Regionen sich die Charterraten dann bewegen werden. Dennoch werden mehr Schiffe in Auftrag gegeben, wenn die Charterraten hoch liegen. Hier macht sich bemerkbar, dass bei niedrigen Raten mehr alte Schiffe verschrottet wurden.

Als die Aktie von Frontline einbrach, kaufte der Chairman in großem Umfang Frontline-Aktien auf dem freien Markt. Das ist immer ein gutes Zeichen. Im Herbst 2002 legte ich mir ein großes Paket an Frontline-Aktien zum Preis von 5,90 Dollar je Aktie zu – das war rund die Hälfte der 11 oder 12 Dollar je Aktie, die man bei einer Liquidation erhalten würde. Als das Papier die Marke von 9 Dollar überschritt und auf 10 Dollar zusteuerte, begann ich, die Aktien zu verkaufen. Das Ganze geschah in einer sehr kurzen Zeitspanne, was auf Jahresbasis umgerechnet zu einer sehr hohen Rendite führte. Pabrai Funds erzielte mit dem Frontline-Investment eine Rendite von 55 Prozent und eine Jahresrendite von 273 Prozent – nicht schlecht für eine nahezu risikolose Wette, die lediglich ein wenig Lektüre über die Feinheiten der Öltankerbranche erfordert hatte. Die Voraussetzungen waren noch besser als bei einer klassischen Dhandho-Investition, weil das Motto lautete: Bei Kopf gewinne ich viel, bei Zahl gewinne ich ein wenig.

Stewart Enterprises, Level 3 und Frontline sind sehr unterschiedliche Unternehmen, die praktisch nichts gemein haben. Die Börse erzeugte jedoch eine Gemeinsamkeit bei diesen Firmen: Einige Monate lang bot sie uns bei allen drei Unternehmen die Möglichkeit eines Investments mit sehr niedrigem Risiko und sehr hohem Ertrag. Das Geschäft hatte praktisch keine Kehrseite, sondern nur enorme Vorteile. Das war eine klassische Wette nach dem Muster: »Bei Kopf gewinne ich, bei Zahl verliere ich nicht viel.« Besser noch: Die Chance, Kopf zu erwischen, lag bei weit über 50 Prozent und bei Zahl würden wir ohne Verlust davonkommen oder sogar einen kleinen Gewinn machen.

Angst und Gier sind in der menschlichen Psyche fest verankert. Solange Menschen auf Wertpapiermärkten Kauf- und Verkaufsentscheidungen treffen, wird die Kursbildung von Angst und Gier beeinflusst werden. Nimmt die Angst extreme Ausmaße an, handeln Menschen häufig irrational. Die Börse ähnelt dann einem Theater, das bis auf den letzten Platz besetzt ist. Ein Besucher sieht irgendwo Rauch aufsteigen, ruft »Es brennt!« und alle stürzen auf den Ausgang zu. Das Theater namens Börse können Sie nur verlassen, wenn jemand Ihren Platz kauft – jede Aktie braucht ihren Inhaber. Wenn alle zum Ausgang rennen, um das Theater zu verlassen, was werden die Plätze dann wohl kosten? Der Trick liegt darin, die Sitze dann zu kaufen, wenn die Massen nach draußen stürmen, Sie jedoch wissen, dass es gar nicht brennt oder das Feuer gerade gelöscht wird. Informieren Sie sich und warten Sie geduldig – von Zeit zu Zeit werden sich diese erstaunlichen Wetten ganz von selbst präsentieren.

Kapitel 14

Dhandho-Lektion Nr. 9

Investieren Sie lieber in Nachahmer als in Erfinder

Die ersten Patels, die das so erfolgreiche Motelkonzept in den Vereinigten Staaten entwickelten, ebneten den Weg für Tausende und Abertausende andere Patels. Letztere schufen nichts Neues, sondern übernahmen und optimierten einfach ein bewährtes Modell.

Der reichste Südasiate im südlichen Kalifornien ist Mister B. U. Patel, ein Mann von ruhigem, bescheidenen Auftreten. B. U. begann seine Laufbahn 1976 mit dem Kauf des schlicht gehaltenen »Dunes Motel« mit 20 Zimmern im kalifornischen Anaheim – direkt bei Disneyland gelegen.[66] Heute ist B. U. stolzer Besitzer von 15 großen Hotels (darunter das »Anaheim Marriott« mit 1033 Zimmern und das »Hilton Checkers« in Los Angeles) und lässt gerade weitere 9 Hotels bauen.

Als B. U. Patel mit seinem Motelbetrieb vor 30 Jahren in Südkalifornien erste Erfolge verzeichnete, hatten zahlreiche andere Patels Zugriff auf sein relativ einfaches, aber durchschlagendes Geschäftsmodell. Dieses Modell konnten sie in den anderen 49 US-Bundesstaaten relativ einfach anwenden. Sie konnten es sogar nur wenige Kilometer von B. U. Patels Motel entfernt einsetzen, ohne B. U. unmittelbar Konkurrenz zu machen.

Verstehen Sie mich bitte nicht falsch. Diese Nachahmer-Patels arbeiteten hart, aber sie hielten sich dabei an ein bewährtes, praktisch risikoloses Geschäftsmodell. Die Stärke dieses Modells zeigt sich in den Zahlen. Die Patels hatten als Flüchtlinge praktisch ohne Kapital bei null angefangen und besitzen heute jedes fünfte Motel in den Vereinigten Staaten. Und in dieser Statistik sind Leute wie Manilal Chaudhuri, der kein Patel ist, sondern aus Gujarat in Indien stammt, nicht einmal enthalten. Auch Manilal Chaudhuri hatte sich das Geschäftsmodell genau angesehen und es dann übernommen. Innovationen sind ein Glücksspiel. Viel bessere Ergebnisse erzielen Sie, wenn Sie in gute Nachahmer investieren, die die Neuerungen anderer übernehmen.

Fallstudie: McDonald's

Die meisten Unternehmer kopieren Geschäftsideen von anderen Firmen oder von ihrem letzten Arbeitgeber. Ray Kroc liebte das Geschäftsmodell des Hamburger-Restaurants der Gebrüder McDonald's in San Bernadino, Kalifornien.[67] 1954 erwarb er die Rechte am Namen und am Know-how und übernahm das Konzept mit einigen minimalen Änderungen. Viele spätere Innovationen wurden nicht im Unternehmen selbst entwickelt, sondern von gewieften Franchisenehmern und Konkurrenten. McDonald's war jedoch clever genug, diese Änderungen ebenso zu übernehmen wie gleich zu Beginn das gesamte Konzept. Es folgt eine kleine Auswahl dieser Neuerungen:

- Ronald McDonald wurde von einem Franchisenehmer in Washington, D. C. erfunden (1963).[68]
- Das *Filet-o-Fish* wurde von einem Franchisenehmer in Cincinnati entwickelt (1963).[69]
- Der *Big-Mac* wurde von einem Franchisenehmer in Pittsburgh erfunden (1968).[70]
- Der *Egg McMuffin* wurde von einem Franchisenehmer aus Santa Barbara kreiert (1973).[71]

- Der Drive-in wurde von einem Franchisenehmer in Arizona eingeführt (1975).[72]
- Das *Mighty Kids Meal* wurde von Burger King kopiert (2001).[73]

Während viele unternehmenseigene Innovationen wie die Hamburger University für den Erfolg von McDonald's von entscheidender Bedeutung waren, erwiesen sich andere Neuerungen, die die Zentrale mit all ihren Ressourcen hervorbrachte, als reiner Fehlschlag. Es folgt eine Liste der berühmtesten Flops:

- *Hulaburger:* Bei dieser Erfindung von Ray Kroc wurde das Fleisch durch eine Scheibe Ananas ersetzt. Dieses Gericht sollte Katholiken ansprechen, die freitags kein Fleisch essen dürfen, kam bei den Kunden aber nicht an (1963).[74]
- *McLean Deluxe:* Dieser kalorienarme Hamburger wurde aufgrund mangelnder Nachfrage von der Speisekarte gestrichen (1991).[75]
- *Arch Deluxe:* Die Einführung dieses Luxus-Hamburgers wurde von einer umfangreichen Werbekampagne begleitet. Der Erfolg blieb jedoch aus und der *Arch Deluxe* verschwand in der Versenkung.[76]

Fallstudie: Microsoft

Die Microsoft-Gründer Bill Gates und Paul Allen waren außerordentlich intelligent, talentiert und fleißig. Microsoft wurde Mitte der 70er-Jahre gegründet und entwickelte BASIC-Compiler für die ersten Mikrocomputer, die damals auf dem Markt erschienen. Den Durchbruch schaffte das Jungunternehmen 1980 mit dem IBM-Auftrag, MS-DOS für den Personal Computer (PC) zu liefern, den IBM auf den Markt bringen wollte. Es gab damals nur ein Problem: Microsoft besaß kein für den PC geeignetes Betriebssystem, das man IBM hätte verkaufen können. Doch davon ließ sich Microsoft nicht aufhalten.

Sie machten IBM weis, dass sie eifrig an der Entwicklung eines Betriebssystems arbeiteten und die Lieferfrist von IBM würden einhalten können.[77] Das war glatt gelogen. Microsoft zog los und erwarb für 50.000 Dollar sämtliche Rechte an dem Quick and Dirty Operating System (QDOS) einer kleinen Firma namens Seattle Computer. Aus QDOS wurde nach einigen Änderungen durch Microsoft MS-DOS und IBM-DOS.[78] Dieses Flaggschiff-Produkt, das Microsoft zu exponentiellem Wachstum verhalf, stammte also gar nicht aus dem Hause Microsoft, sondern war von Seattle Computer übernommen worden.

Doch das ist längst nicht das Ende der Kopier-Geschichte. 1981 besuchte Bill Gates Apple und erhaschte einen frühen Blick auf das Macintosh-Modell und auf zwei revolutionäre Entwicklungen, die Apple integriert hatte – die grafische Benutzeroberfläche und die Maus. Gates war davon überzeugt, dass die Maus und die Benutzeroberfläche aus der Zukunft des PCs nicht mehr wegzudenken wären. 1983 fanden Microsoft-Techniker heraus, wie sie die Maus über eine serielle Schnittstelle anschließen konnten. So hatte Microsoft eine weitere wegweisende Innovation von einem Wettbewerber abgekupfert und führte diese nun in großem Maßstab ein.[79]

Microsoft hatte nun also umfassendes Know-how auf dem Gebiet der Sprachcompiler (wie BASIC) und Betriebssysteme erworben. Keine Kompetenz oder Erfahrung besaß das Unternehmen hingegen im Anwendungsbereich, beobachtete jedoch, dass VisiCalc (ein frühes Tabellenkalkulationsprogramm) sich rasch verbreitete. Für das Programm Excel wurden praktisch alle Funktionen von VisiCalc und Lotus 1-2-3 übernommen. Die meisten Word-Features wurden von dem sehr beliebten Word Perfect kopiert. PowerPoint wurde von einer kleinen Softwareschmiede in San Francisco entwickelt und von Microsoft gekauft.

Auch von Netzwerken hatte Microsoft zunächst wenig Ahnung. Als der Netzwerkbetrieb Ende der 80er-Jahre und Anfang der 90er-Jahre rasant zunahm, avancierte Novell Netware zum Industriestandard. Microsoft kopierte die meisten Netzwerk-Features von Netware und Unix und bündelte sie in Windows NT. Auf diese Weise luchste es Novell schließlich den gesamten Markt ab.[80]

Der Ideengeber zu Microsoft Money, einem der wenigen Flops von Microsoft, war das Programm Quicken von der Firma Intuit. Microsoft gelang es nie, mit Money das Qualitätsniveau von Quicken zu erreichen. Schließlich gab Microsoft auf und versuchte, Intuit zu übernehmen. Der Deal kam jedoch nicht zustande und Microsoft Money ist noch immer ein schlechter Abklatsch von Quicken. Der PocketPC wurde von Palm Computing kopiert und Windows Mobile ist ein Klon des Betriebssystems Palm OS.

Als der Netscape-Browser auf der Bildfläche erschien, wurde Microsoft unvorbereitet erwischt. Microsoft sicherte sich daraufhin per Lizenz den Browser von Spyglass und führte schließlich den Microsoft Explorer ein. Um Netscape auszustechen, bündelte Microsoft den Explorer mit Windows und gab ihn quasi gratis ab. Aufgrund dieses Vorgangs reichten mehrere Staaten umfassende Antitrust-Klagen gegen Microsoft ein.

Diese Liste lässt sich problemlos fortsetzen. Die Idee zur Xbox erhielt Microsoft durch PlayStation und Nintendo. Der SQL Server beruht ursprünglich auf einer Sybase-Lizenz. Der Media Player sieht aus wie der Real Player. Und jetzt hat Microsoft auch Google im Visier. Das MSN-Search-Team ist in der Bay Area von San Francisco ansässig – im Hinterhof von Google. Microsoft hat mit aggressiven Methoden versucht, Mitarbeiter von Google abzuwerben.

Microsoft hat mehrfach auf externe Innovationen reagiert, indem es die Bedrohung durch rasches, heftiges Handeln beseitigt hat. Bevor das Unternehmen eine Innovation aufgreift, beobachtet es, wie Kunden auf die Neuerung reagieren. Diese Strategie ist äußerst effektiv. Ein ehemaliger oberer Manager von Microsoft erzählte mir einmal, dass Microsoft seine Sache immer dann besonders gut macht, wenn es ein klar definiertes Ziel vor Augen hat. Als das Unternehmen hinter Netware oder Lotus 1-2-3 her war, bestand nicht der geringste Zweifel daran, wie das Produkt oder die Umsätze aussehen sollten. Das Ziel war klar umrissen.

Auf der anderen Seite ist Microsoft immer dann gescheitert, wenn es versucht hat, sich als Vorreiter und Innovator zu betätigen. Die Initiative .NET war ein unklares, vages Unterfangen und dümpelte jahrelang vor sich hin. Das Betriebssystem Windows Vista soll revolutionär sein.

Es würde mich jedoch sehr überraschen, wenn es an die aktuellen Angebote von Apple herankommt.

Microsoft ist ein exzellenter Nachahmer. Die Erfolgsquote bei der Vernichtung von »feindlichen Produkten« liegt bei über 90 Prozent. Noch ist offen, wie die Schlacht Google gegen Microsoft ausgehen wird. Mit über 60.000 Mitarbeitern ist Microsoft mittlerweile leider selbst einer der bürokratischen Apparate, die das Unternehmen immer verachtet hat.

Wenn ich die Wahl hätte, bei den aktuellen Kursen entweder in Google oder in Microsoft zu investieren, müsste ich jedoch nicht lange nachdenken. Ich würde mich immer für Microsoft entscheiden. Hier kämpft der Innovator gegen einen Plagiator. Gute Nachahmer sind großartige Unternehmen. Innovationen sind Glückssache, Klonen ist hingegen eine sichere Angelegenheit.

Fallstudie: Pabrai Investment Funds

Ich will an dieser Stelle bekennen, dass auch Pabrai Funds ganz in der Tradition von Bill Gates schamlos kopiert hat. Ehe ich Pabrai Funds im Jahr 1999 gründete, hatte ich nie im Finanzdienstleistungssektor gearbeitet. Allerdings hatte ich das Vorgehen der Buffett Partnership in den 50er-Jahren unter die Lupe genommen und mir im Vergleich dazu angesehen, wie die Mehrzahl der offenen Investmentfonds und Hedgefonds ihr Vermögen verwaltete. Dabei machte ich einige nützliche Beobachtungen.

Zunächst einmal zeichnete sich die Buffett Partnership durch eine ungewöhnliche Gebührenstruktur aus. Warren Buffett berechnete seinen Partnern keine Verwaltungsgebühr, sondern nur eine Performance-Gebühr. Die Anleger wurden erst zur Kasse gebeten, wenn Buffett ihnen eine Jahresrendite von mindestens 6 Prozent verschaffte. Ein Viertel der Erträge, die über diese Rendite hinausgingen, behielt Buffett für sich, den Rest schüttete er an die Anleger aus. Warf der Fonds eine Jahresrendite von 10 Prozent ab, vereinnahmte Buffett also 1 Prozent.

Lag die Rendite bei 30 Prozent, landeten 6 Prozent des Betrags bei Buffett. Meiner Meinung nach war diese Gebührenpraxis verglichen mit dem Rest der Branche äußerst fair. Fast alle Investmentfonds, die ohne Ausgabeaufschlag verkauft werden, streichen 1 bis 2 Prozent des Vermögens jährlich an Gebühren ein – auch wenn sie Geld vernichten. Die meisten Hedgefonds kassieren Verwaltungsgebühren in Höhe von 1 bis 2 Prozent *und* 20 Prozent des Gewinns. Wenn ein Fonds, der 2 Prozent Gebühren und 20 Prozent des Gewinns einstreicht, vor Gebühren 10 Prozent zulegt, erhält der Anleger nach Abzug der Gebühren nur 6,4 Prozent.

Offene Investmentfonds bilden eine derart große Gruppe, dass man sie als eigenen Markt ansehen kann. Wenn sie keine Gebühren erheben würden, entsprächen ihre Renditen den allgemeinen Aktienindizes. Dann würden 50 Prozent der Anlagen hinter dem Index herhinken, 50 Prozent würden ihn übertreffen – aber diese Annahme gehört natürlich ins Reich der Fantasie. Die Investition in einen aktiv verwalteten Investmentfonds ist mit sehr realen Reibungskosten verbunden. Wenn wir die genannten Gebühren in Höhe von 1 bis 2 Prozent im Jahr berücksichtigen (zuzüglich Handelsprovisionen), liegen wahrscheinlich 80 bis 90 Prozent der Investmentfonds langfristig betrachtet hinter den breiten Indizes. Das heißt, dass nur 10 bis 20 Prozent der Fonds diese Indizes auf lange Sicht outperformen. Aus diesem Grund sind Anleger gut beraten, eher in einen Indexfonds als in die meisten der aktiv verwalteten Investmentfonds zu investieren.

Ich hielt die Gebührenpraxis von Buffett für sehr fair. Wenn Aktien eine durchschnittliche Jahresrendite von 10 Prozent abwerfen, würde der typische Anleger eines Investmentfonds netto rund 8,5 Prozent erhalten, der typische Hedgefonds-Investor 6,8 Prozent (ausgehend von 1,5 Prozent Gebühren und 20 Prozent Gewinnbeteiligung) und der Anleger eines Indexfonds rund 9,7 Prozent. In diesem Falle würde ein Investor bei Buffett Partnership netto 9 Prozent erhalten – mehr als bei praktisch allen aktiv verwalteten Fonds.

Wächst ein Markt in einem Jahr nur um 5 Prozent, würde der durchschnittliche Anleger eines Investmentfonds 3,5 Prozent netto erhalten, der Hedgefonds-Investor nur 2,8 Prozent, der Indexfonds-Anleger 4,7 Prozent und Investoren bei Buffett Partnership die vollen 5 Prozent – das ist Rekord.

Die Anleger von Buffett Partnership zahlen unterdurchschnittliche Gebühren, wenn die Jahresrendite bei unter 10 Prozent liegt. Sie entrichten überdurchschnittlich hohe Gebühren, wenn die Rendite auf das Jahr bezogen auf über 12 Prozent klettert. Nur wenn die Jahresrendite die Marke von 50 Prozent überschreitet, berechnet Mr. Buffett höhere Gebühren als ein Hedgefonds, der 1 Prozent Gebühr und 20 Prozent des Gewinns kassiert.

Meiner Meinung nach verschafft diese Gebührenstruktur dem Unternehmen einen nachhaltigen Wettbewerbsvorteil. Fidelity Investments würde seine Existenz gefährden, wenn es erst bei einer Jahresrendite von über 6 Prozent Gebühren berechnete – schließlich müssen eine umfassende Infrastruktur und zahlreiche Mitarbeiter bezahlt werden. Der Imitator in mir kam zu dem Schluss, dass zwei Dinge eintreten müssten, wenn ich einen Fonds mit der Gebührenstruktur von Buffett errichten wollte. Erstens müsste dieser Fonds aufgrund der besseren Konditionen für viele Anleger von Investmentfonds und Hedgefonds sehr attraktiv sein. Zweitens könnte diese Gebührenpraxis nicht von vielen Fonds übernommen werden, selbst wenn ihnen klar wäre, welcher Wettbewerbsvorteil damit einherging. Ist es nicht großartig und im Übrigen auch selten, durch einen Burggraben geschützt zu sein, den die Konkurrenten zwar klar erkennen, aber niemals überwinden können? Also habe ich die Gebührenstruktur von Buffett kopiert. Pabrai Funds existiert nun seit über sieben Jahren und der Burggraben ist immer noch intakt. In der Vermögensverwaltungsbranche sind noch keine Tendenzen in Richtung einer rein performance-orientierten Vergütung zu erkennen. Es folgen einige weitere Beobachtungen zu Buffett Partnership:

- Warren Buffett investierte praktisch alle eingehenden Gebühren wieder in die Gesellschaft und wurde so bald selbst zu seinem größten Anleger. Dem Großteil der Investmentfonds und Hedgefonds ist ein solches Verhalten fremd. Die meisten Fondsmanager entnehmen Jahr für Jahr ihre Erträge, um ihre Häuser, Jachten, Autos und Privatflugzeuge zu finanzieren. Dabei ist die Beteiligung des Vermögensverwalters an seinem eigenen Fonds für einige Anleger von großer Bedeutung. Auch hierdurch entsteht ein dauerhafter Wettbewerbsvorteil, der mir sehr klonenswert erschien. Wenn ich meinem eigenen Anlagegeschick nicht traute, sollte ich besser keinen Fonds betreiben. Auch dieser Burggraben ist noch unversehrt. Nur sehr wenige Investmentfonds oder Hedgefonds haben Leitlinien wie Warren Buffett oder Longleaf Partners aufgestellt, die ihnen davon abraten oder es ihnen sogar untersagen, in andere Fonds oder Aktien zu investieren.

- Die meisten Investmentfonds und Hedgefonds besprechen ihre Wertpapierbestände von Zeit zu Zeit ausgiebig mit ihren Anlegern. Buffett legte einen Großteil seines Portfolios gegenüber seinen Investoren gar nicht offen. Selbst heute spricht Buffett nur sehr selten über seine Aktienbestände. Er vertritt die Ansicht, dass die Vermögensanlage kein Zuschauersport sei und dass er seine immens wichtige Unabhängigkeit im Denken gefährden könnte, wenn er aktuelle oder potenzielle Investments mit anderen bespricht. Es folgt ein Zitat, das Einblick in Buffetts Gedanken zu diesem Thema gewährt:

  > *Trotz unserer Politik der Offenheit werden wir unsere Transaktionen mit börsengängigen Wertpapieren nur in dem gesetzlich geforderten Umfang erörtern. Gute Anlageideen sind selten und wertvoll und werden von der Konkurrenz ebenso gerne aufgegriffen wie gute Produkt- oder Übernahmeideen.*[81]
  >
  > WARREN BUFFETT

Auch das habe ich mir angeeignet, und zwar mit großem Erfolg. Unabhängigkeit im Denken ist für eine vernünftige Anlagepolitik von zentraler Bedeutung. Außerdem werden Nebengeräusche und Ablenkungen auf ein Minimum reduziert, wenn Sie nicht über aktuelle Portfolio-Positionen diskutieren. Die folgenden Eigenschaften der Buffett Partnership hielt ich ebenfalls für klonenswert:

- Die meisten Investmentfonds und Hedgefonds halten zahlreiche verschiedene Positionen, ein typischer Investmentfonds meist über 80. Auch wenn Buffett wahrscheinlich noch nicht von Kelly gehört hatte, hielt er es für sinnvoll, ein konzentriertes Portfolio zu führen. Diese Vorgehensweise überzeugte mich und wurde daher von mir kopiert.

- Die meisten Hedgefonds haben große institutionelle Anleger. Bei den meisten Investmentfonds dagegen sind Tausende von Kleinanlegern engagiert. Bei der Buffett Partnership lag die Sache anders – hier waren rund 100 Familien beteiligt. Warren Buffett begann mit acht Investoren, die allesamt aus dem engen Freundes- und Familienkreis stammten. Er machte seine Sache so gut, dass die Anleger Geld nachschossen und weitere Investoren ins Spiel brachten. Dieser Anlegerkreis fungierte als unbezahlte (und sehr effektive) Vertriebsorganisation von Buffett. Auch diesen Aspekt habe ich einfach übernommen. Pabrai Funds startete mit acht Investoren, die zum Großteil aus meinem Freundeskreis stammten. Heute sind etwa 400 Familien in den verschiedenen Fonds engagiert. Wir sind wahrscheinlich einer der wenigen Hedgefonds, deren Vermögen von über 300 Millionen Dollar sich auf circa 400 Familien aus aller Welt aufteilt und an dem institutionelle Anleger praktisch nicht beteiligt sind.

- Mr. Buffett führte die Buffett Partnership ohne Analysten oder andere aktive Partner. Er erledigte die gesamte Research-Arbeit selbst. Diese Vorgehensweise ist äußerst ungewöhnlich. Fast alle Investmentfonds und Hedgefonds beschäftigen Heerscharen von Asset-Managern und Analysten. Auch dieses Konzept hat Pabrai Funds kopiert, ohne rot zu werden.

Pabrai Funds arbeitet mit einem einköpfigen Investmentteam. Ich kenne sonst keinen Investmentfonds oder Hedgefonds mit einem Vermögen von über 300 Millionen Dollar, dessen Investmentteam nur aus einer Person besteht. Es gab allerdings einen Hedgefonds, der ebenfalls im 1-Mann-Betrieb tätig war und 1970 seine Tätigkeit einstellte – die Buffett Partnership mit Warren Buffett. Als er die Partnership 1970 auflöste, belief sich sein Vermögen auf über 100 Millionen Dollar. In Dollar des Jahres 2006 ausgedrückt wären das über 600 Millionen Dollar.

Von 1970 bis heute ist das Kapital, das Warren Buffett bei Berkshire Hathaway verwaltet, auf über 100 Milliarden Dollar angewachsen. Und auch heute besteht das Investmentteam von Berkshire Hathaway für den Großteil dieses Kapitals aus einer Person, nämlich Warren Buffett persönlich. Er verwaltet nicht nur über 100 Milliarden Dollar, sondern ist auch Chef von 180.000 Mitarbeitern und damit eines der größten Unternehmen in Nordamerika. Darüber hinaus findet er noch die Zeit, jede Woche 10 bis 15 Stunden Bridge zu spielen. Das menschliche Gehirn ist mit der Verwaltung eines diversifizierten Vermögens von 100 Milliarden Dollar offensichtlich noch lange nicht ausgelastet.

Man könnte einwenden, dass Charlie Munger mit Warren Buffett zusammenarbeitet und das Investmentteam daher mindestens aus zwei Personen besteht. Buffett und Munger führen eine ungewöhnliche Beziehung. Charlie Munger lebt in Los Angeles, während Warren Buffett sein ganzes Leben in Omaha verbracht hat. Die beiden Männer telefonieren einige Male im Monat miteinander, sehen sich jedoch höchstens drei- bis viermal im Jahr. Buffett zieht Munger gelegentlich bei bestimmten Anlage- oder Übernahmeentscheidungen zu Rate, doch die Zusammenarbeit ist durch die beiden folgenden Merkmale gekennzeichnet:

1. Bei vielen Investments oder Akquisitionen zieht Buffett Munger gar nicht hinzu. Als Berkshire General Re übernahm und damit die bisher größte Übernahme tätigte, erfuhr Munger erst von der Transaktion, als diese fast in trockenen Tüchern war.

2. Manchmal berät sich Buffett mit Munger, setzt seine Vorhaben jedoch auch dann in die Tat um, wenn Munger abrät oder Skepsis äußert.

Wir haben es hier nicht mit einem üblichen Investmentteam zu tun, sondern mit zwei Partnern, die ihre Anlagen auch ohne Zustimmung des anderen tätigen und den Partner gelegentlich nicht einmal konsultieren.

Wenn es eine Art Gesetz der Geldanlage gäbe, dann wäre es von Graham, Buffett und Munger geschrieben worden. Dieses Gesetz würde unter anderem eine kleine Teamgröße (idealerweise eine Person) vorschreiben. Warum ist dieser Punkt so wichtig?

Sehen wir uns ein Beispiel aus dem Hause Buffett an. 1963 investierte Buffett 40 Prozent des damals 17 Millionen Dollar umfassenden Vermögens von Buffett Partnership in American Express (AmEx) (siehe Kapitel 10: »Platzieren Sie nur wenige Wetten, die umso höheren Gewinn versprechen«). Stellen wir uns einmal einen Investmentfonds mit einem Vermögen von einer Milliarde Dollar und zehn Anlageexperten vor. Alle Experten haben eine herausragende Erfolgsbilanz vorzuweisen, einen IQ von über 150 und nehmen Investitionen grundsätzlich nur dann vor, wenn sich alle zehn einig sind. Dieses hochintelligente Team wäre (1) niemals einstimmig zu dem Schluss gekommen, dass es sich bei AmEx um einen Strong-Buy-Kandidaten handelte, und (2) auf keinen Fall bereit gewesen, 40 Prozent des Fondsvermögens in dieses Not leidende Unternehmen zu stecken.

Und wenn das Team schließlich doch vereinbart hätte, 5 Prozent des Vermögens in AmEx zu investieren, was hätte es wohl bei einem Kursrückgang von 30 Prozent getan? Das ist keine hypothetische Frage. Als Buffett 1973 einen großen Anteil an der *Washington Post* erwarb, musste er eine Halbierung des Kurses beobachten, *nachdem* er einen Großteil seines Pakets gekauft hatte. Vor nicht allzu langer Zeit brach der Aktienkurs von USG von 18 Dollar auf unter 4 Dollar ein (eine Minderung um über 75 Prozent), *nachdem* Berkshire investiert hatte. Später kletterte der Kurs dann auf über 120 Dollar.

Je kleiner das Team, umso höher ist die Wahrscheinlichkeit, dass solche Wetten platziert werden. Und umso höher diese Wahrscheinlichkeit, desto höher fällt voraussichtlich auch die Rendite aus. Die besten Erträge werden wohl erwirtschaftet, wenn ein einzelner kompetenter Value-Investor das Ruder in der Hand hält.

Die wertorientierte Vermögensanlage ist im Grunde ein widersprüchliches Geschäft. Die besten Chancen bieten sich durch Beteiligungen an Unternehmen, die gerade schlecht dastehen. Selbst die führenden Vertreter der Theorie von der Effizienz der Kapitalmärkte, Eugene Fama und Ken French, kamen zu dem Schluss, dass Aktien im untersten Zehntel-Segment der Kurs-Buchwert-Verhältnisse von 1963 bis 1990 die Papiere im obersten Zehntel-Segment um über 11 Prozent im Jahr übertrafen. Wenn Sie 1963 10.000 Dollar ausschließlich in Aktien mit den höchsten Kurs-Buchwert-Verhältnissen angelegt hätten (die »Googles« der Welt), wäre Ihr Kapital bis 1990 auf 72.000 Dollar angewachsen. Das ist nicht schlecht. Hätten Sie dieses Geld jedoch in die preisgünstigsten Unternehmen gesteckt, hätten Sie 1990 915.000 Dollar Ihr Eigen nennen können. Ich meine, das kann man durchaus als statistisch signifikanten Unterschied bezeichnen!

Das Problem ist, dass gerade die Firmen im untersten Zehntel-Segment die negativsten Schlagzeilen gemacht haben. Eine Anlage in diese Unternehmen macht sich sicherlich bezahlt, es ist jedoch schlicht unmöglich, ein Investmentteam zu einem größeren Engagement bei diesen ungeliebten Firmen zu bewegen. Aus demselben Grund können Sie fast jeden aktiven Vermögensmanager mit der Zauberformel von Joel Greenblatt (erläutert in *Die Börsen-Zauberformel*)[82] ohne großen Aufwand vernichtend schlagen. Dennoch kaufen die meisten aktiven Verwalter keine größeren Positionen der Aktien, die von der Zauberformel empfohlen werden. Es folgt ein letzter Aspekt, den ich übernommen habe.

Mr. Buffett verkündete seinen Partnern einmal im Jahr, am 31. Dezember, Performance-Zahlen. Dieses Vorgehen ist sehr ungewöhnlich. Investmentfonds melden ihre Zahlen täglich, die meisten Hedgefonds monatlich. Buffetts jährliche Berichterstattung erscheint mir jedoch absolut sinnvoll. Wahre betriebliche Veränderungen nehmen in der Regel Monate, wenn nicht sogar Jahre in Anspruch. Wenn Sie in ein Unternehmen investieren, sollten Sie damit zufrieden sein, einmal im Jahr auf den neuesten Stand gebracht zu werden. Die meisten

Unternehmer haben keine Ahnung, was ihre Unternehmen in den nächsten Jahren wert sein werden, und sie können gut damit leben. Pabrai Funds übernahm diese Ideologie weitgehend und präsentiert seinen US-Investoren nur einmal im Quartal Performance-Daten.

Diese sieben Merkmale der Buffett Partnership hoben das Unternehmen deutlich von der Konkurrenz ab. Meiner Meinung nach haben sie Warren Buffett zu drei großen Wettbewerbsvorteilen verholfen:

1. Dank der Merkmale konnte Buffett die richtige Art von Langzeit-Investoren anziehen und der Anlegerkreis wählte sich anhand dieser Regeln mit positivem Resultat selbst aus.

2. Die Merkmale schufen einen breiten Burggraben, der für Konkurrenten praktisch bis in alle Ewigkeit unüberwindbar ist.

3. Sie haben das professionelle Vermögensmanagement zu einem entspannten, erfüllenden Beruf gemacht. Warren Buffett tanzt jeden Morgen zur Arbeit.

Nichts von alledem habe ich mir selbst ausgedacht. Ich habe mir einfach Buffett Partnership angesehen und beschlossen, als Nachahmer meinen Weg zu machen.

Ray Kroc und Bill Gates sind die erfolgreichsten Unternehmer unserer Zeit – und schamlose Kopierer der genialen Ideen anderer. Sam Walton hat sein Leben lang fremde Einzelhandelsmodelle analysiert (und abgekupfert). Ein Großteil des Geschäftsmodells von Walmart wurde von Kmart übernommen. Wenn Sie erfolgreiche Unternehmen unter die Lupe nehmen, werden Sie feststellen, dass diese einen Großteil ihrer Konzepte auf gelungene Weise von anderen kopiert haben.

Ignorieren Sie also die Innovatoren, wenn Sie sich auf dem Public-Equity-Markt engagieren wollen. Halten Sie nach Unternehmen Ausschau, die ihr Geschick als Nachahmer unter Beweis gestellt haben. Das ist der Dhandho-Weg.

Kapitel 15

Abhimanyus Dilemma oder die Kunst des Ausstiegs

Gute Anleger brauchen ein solides Konzept für den Kauf und Verkauf von Aktien. Die bisherigen Kapitel dieses Buches haben hauptsächlich die verschiedenen Facetten erfolgreicher Investments beleuchtet. Der Kauf ist jedoch nur das halbe Geschäft, sozusagen der einfachere Teil. Da Verkaufsentscheidungen schwieriger sind als Kaufentscheidungen, brauchen wir auch für die Veräußerung von Wertpapieren eine tragfähige Strategie – und die Hilfe unseres lieben Freundes Abhimanyu. Abhimanyu ist der Held dieses Kapitels. Stellen wir uns vor, dass er auch deswegen den Heldentod gestorben ist, damit wir Kapitalgeber von heute von ihm lernen und unser Anlagegeschick erheblich verbessern können.

Mit 100.000 Versen ist das *Mahabharata*[83] vielleicht das gewaltigste epische Gedicht, das je verfasst wurde. Niedergeschrieben wurde es vor 2000 Jahren in Indien in Sanskrit. Das *Mahabharata* dreht sich hauptsächlich um eine blutige Fehde zwischen den Pandavas und den Kauravas, zwei verwandten Fürstenfamilien, enthält jedoch auch zahlreiche philosophische Weisheiten. Der Familienkonflikt gipfelt in einer eingehend geschilderten 18-tägigen Schlacht zwischen den Pandavas und Kauravas, wobei die Pandavas die Guten, die Kauravas die weniger tugendhafte Familie sind.

Aussprache

Abhimanyu	a-bee-man-u
Arjuna	r-june
Chakravyuh	chuck-rah-view
Kauravas	core-ruvs
Mahabharata	ma-haa-bhaa-rut
Pandavas	pawn-doves
Subhadra	sue-bud-rah

Am 13. Tag der Schlacht haben die Kauravas ihre Streitkraft zu einer tödlichen Chakravyuh formiert. Eine gute Chakravyuh entspricht im Aufbau einer archimedischen Spirale, die praktisch undurchdringlich ist (Abbildung 15.1). Diese Formation fügt der Armee der Pandavas verheerenden Schaden zu und die Heeresleitung der Pandavas hat horrende Verluste zu beklagen.

Abbildung 15.1: Die Schlachtformation Chakravyuh

An diesem Punkt springt die Erzählung 16 Jahre zurück. Krishna erklärt seiner schwangeren Schwester Subhadra, wie man eine Chakravyuh bis zu ihrem Kern erfolgreich durchdringen kann. Wer in eine Chakravyuh eindringt, bis zu ihrem Zentrum vorstößt und sie schließlich wieder verlässt, schwächt die feindliche Führung in ihrem Innersten. Das ruft im Fußvolk Panik und Unordnung hervor. Allerdings ist dieses Unterfangen äußerst schwierig, denn die Durchquerung einer Chakravyuh gilt praktisch als unmöglich.

Krishna beschreibt seiner Schwester ausführlich, wie man in einer Chakravyuh erfolgreich bis zum Kern vorstoßen kann. Als er erläutern will, wie man die Spirale unversehrt wieder verlässt, stellt er fest, dass seine Schwester, von dem Bericht gelangweilt, eingeschlafen ist. Da ihm niemand mehr zuhört, bricht Krishna seine Erzählung ab. Er ahnt nicht, dass er gar wohl einen aufmerksamen Zuhörer hatte: Im Bauch seiner Mutter hat der noch ungeborene Abhimanyu jedes Wort aufgesogen.

Abhimanyus Vater, Arjuna, ist der beste Bogenschütze der Welt. Abhimanyu eifert seinem Vater nach und glänzt schon im Alter von 16 Jahren als versierter Krieger. Abhimanyu sieht, welche Verluste seine Familie erleidet, und bietet an, in die Chakravyuh einzudringen – auch wenn er nicht weiß, wie er nach Erreichen des Zentrums wieder herauskommen soll. Unter dem Druck der Ereignisse willigen die Heerführer der Pandavas zögernd in seinen Vorschlag ein. Sie wollen Abhimanyu allerdings dicht auf den Fersen bleiben, um ihn vor dem Feind zu schützen. Abhimanyu erinnert sich an die von Krishna beschriebene Taktik, dringt in die Chakravyuh ein und marschiert rasch zu ihrem Zentrum vor. Dabei tötet er zahlreiche Kaurava-Krieger, die sich ihm in den Weg stellen. Es gelingt den Kauravas jedoch, die Chakravyuh unmittelbar nach Abhimanyus Eindringen wieder zu schließen, sodass ihm keine anderen Pandavas folgen können. Im Inneren der Spirale greifen neun der besten Kaurava-Krieger Abhimanyu gleichzeitig an. Da Abhimanyu nicht weiß, wie er aus der Chakravyuh ausbrechen kann, bleibt er im Zentrum und stellt sich den neun Kriegern tapfer zum Kampf. Dabei wird er schwer verwundet und stirbt.

Das Dilemma von Abhimanyu an diesem 13. Tag der Schlacht weist starke Parallelen zu den Entscheidungen auf, mit denen Anleger täglich konfrontiert sind. Der Beschluss, in eine Chakravyuh einzudringen, sie zu durchqueren und schließlich wieder zu verlassen, ähnelt der Frage, wann eine bestimmte Aktie gekauft, wie lange sie gehalten und wann sie verkauft werden sollte. Was können wir von Abhimanyu lernen? Wir brauchen eine glasklare Exitstrategie, bevor wir den Kauf einer Aktie auch nur in Erwägung ziehen.

Einsteigen oder nicht einsteigen, das ist die Frage

Bisher hat sich das Buch in erster Linie mit den verschiedenen Aspekten des Aktienkaufs befasst. Die folgenden sieben Fragen, die nicht als Zusammenfassung gedacht sind, sollten Anleger sich stellen, bevor sie in eine Börsen-Chakravyuh eindringen:

1. Verstehe ich die Branche und das Unternehmen? Liegen sie in meinem Wissensbereich?

2. Kenne ich den aktuellen inneren Wert des Unternehmens und kann ich mit hoher Wahrscheinlichkeit vorhersagen, wie er sich in den nächsten Jahren entwickeln wird?

3. Wird das Unternehmen mit einem hohen Abschlag von über 50 Prozent auf seinen inneren Wert gehandelt – heute und auch in zwei bis drei Jahren?

4. Wäre ich bereit, den Großteil meines Kapitals in das Unternehmen zu investieren?

5. Sind die Risiken minimal?

6. Hat das Unternehmen einen Burggraben?

7. Wird es von fähigen, ehrlichen Managern geführt?

Nur wenn Sie alle Fragen ohne Wenn und Aber mit Ja beantworten können, sollten Sie einen Kauf in Erwägung ziehen. Wird Ihnen das Papier eines Unternehmens, das Sie verstehen, zur Hälfte oder weniger des Betrags angeboten, der in zwei bis drei Jahren den inneren Wert des Unternehmens ausmacht, und bestehen nur minimale Verlustrisiken, dann sollten Sie zugreifen. Wenn nicht, verzichten Sie auf ein Engagement. Es werden sich Ihnen in Zukunft noch bessere Gelegenheiten bieten.

Die Ringe durchqueren

Es überrascht mich immer wieder, wie viele Anleger eine Aktie für 10 Dollar kaufen, nervös werden, wenn der Kurs auf 8 Dollar sinkt, sie umgehend wieder verkaufen und nach dem nächsten Erfolgspapier suchen. Angelockt von den Gewinnchancen sind diese Anleger in die Chakravyuh eingedrungen, wurden jedoch geschlagen, bevor sie auch nur den ersten Ring durchquert haben.

Stellen wir uns zur Veranschaulichung der Situation eine kleine Tankstelle vor, die Ende 2006 für 500.000 Dollar zum Verkauf angeboten wird und in zehn Jahren für eine Million Dollar weiterverkauft werden kann. Der freie Cashflow, also das Kapital, das dem Unternehmen entnommen werden kann, wird über die kommenden Jahre voraussichtlich 100.000 Dollar im Jahr betragen. Wie hoch liegt der innere Wert der Tankstelle, wenn wir von einem Abzinsungssatz von 10 Prozent ausgehen?

Wie aus Tabelle 15.1 hervorgeht, beläuft sich der innere Wert auf eine Million Dollar. Die Tankstelle wird uns für die Hälfte zum Kauf angeboten. Welch ein Geschäft! Wir kennen den inneren Wert (eine Million Dollar) und wissen, dass wir mit dem großartigen Abschlag von 50 Prozent kaufen können. Natürlich greifen wir zu. Zwei Jahre ziehen ins Land

Tabelle 15.1: Analyse des diskontierten Cashflows (DCF) der Tankstelle

Jahr	Freier Cashflow (in US-Dollar)	Barwert (in US-Dollar) des zukünftigen Cashflows (10 Prozent)
2007	100.000	90.909
2008	100.000	82.645
2009	100.000	75.131
2010	100.000	68.301
2011	100.000	62.092
2012	100.000	56.447
2013	100.000	51.315
2014	100.000	46.650
2015	100.000	42.410
2016	100.000	38.554
2017	Verkaufspreis: 1.000.000	385.543
Insgesamt		1.000.000 (gerundet)

und ein Interessent bietet uns 950.000 Dollar für die Tankstelle. Was sollen wir tun? Wir berechnen erneut den inneren Wert. Einen stabilen Cashflow vorausgesetzt liegt der innere Wert immer noch bei einer Million Dollar. Außerdem haben wir in den letzten beiden Jahren Dividenden von 200.000 Dollar erzielt. Da das Angebot bei 95 Prozent des inneren Werts liegt, müssen wir nicht lange nachdenken. Die endgültige Kalkulation stellt sich wie folgt dar:

Eingesetztes Kapital	500.000 Dollar
Gesamterlös	1.150.000 Dollar
Rendite auf Jahresbasis	> 50 Prozent

Da wir mit einem hohen Abschlag auf den inneren Wert gekauft haben, konnten wir auf Jahresbasis eine Rendite von über 50 Prozent erzielen, obwohl die Tankstelle ausgehend vom eingesetzten Kapital nur einen Ertrag von 10 Prozent abwarf.

Wenn wir für die Tankstelle einige Berechnungen mit der Kelly-Formel durchführen, bieten sich bei einer zwei- bis dreijährigen Anlage, konservativ gerechnet, folgende Wettchancen:

- Wahrscheinlichkeit einer doppelten oder höheren Rendite in drei Jahren: 80 Prozent
- Wahrscheinlichkeit eines Break-even bis zu einer doppelten Rendite in drei Jahren: 15 Prozent
- Wahrscheinlichkeit eines Totalverlusts bis zu einem Break-even in drei Jahren: 5 Prozent

Lassen Sie uns diese Aufstellung noch etwas vereinfachen und dabei konservativ schätzen:

- Wahrscheinlichkeit einer doppelten Rendite in drei Jahren: 80 Prozent
- Wahrscheinlichkeit eines Break-even in drei Jahren: 15 Prozent
- Wahrscheinlichkeit eines Totalverlusts in drei Jahren: 5 Prozent

Das ist eine vielversprechende Wette und Kelly empfiehlt den Einsatz von 88 Prozent unserer verfügbaren Mittel. Sehen wir uns nun ein etwas schmerzhafteres Szenario an.

Der Cashflow sinkt nach dem Kauf der Tankstelle dramatisch, weil der Ölpreis auf 150 Dollar je Barrel gestiegen ist. Die Tankstelle erzeugt einen freien Cashflow von nur noch 20.000 Dollar im Jahr. Rund sechs Monate nach dem Kauf bietet uns jemand an, uns die Tankstelle für 150.000 Dollar abzunehmen. Sollen wir verkaufen?

Unternehmen sind lebendige Organismen, die ebenso wie wir Menschen Höhen und Tiefen durchleben. Wir wissen nie genau, was die Zukunft bringen wird. In unserem Fall klettert der Ölpreis von 50 Dollar je Barrel zum Zeitpunkt des Tankstellenkaufs auf 150 Dollar pro Barrel, was zu kräftigen Umsatzverlusten führt. In einer solchen Situation ist es das Beste, dem Unternehmen Zeit zu geben, sich auf die Veränderung einzustellen. Der Ölpreis kann wieder sinken, die Verbraucher können sich an den Preis gewöhnen oder der Staat kann uns mit Zuschüssen unter die Arme greifen. Eine wichtige Regel für die Durchquerung der Chakravyuh lautet daher: *Verkaufen Sie Aktien binnen zwei oder drei Jahren nach dem Erwerb nicht mit einem Verlust, sofern Sie nicht mit großer Sicherheit bestimmen können, dass der aktuelle innere Wert unter dem vom Markt angebotenen Preis liegt.*

Wenn wir diese Regel auf unsere Tankstelle anwenden, liegt der innere Wert zur Zeit wahrscheinlich bei etwa 200.000 Dollar oder höher. Es bedarf daher keiner langen Überlegung, um das Kaufangebot von 150.000 Dollar abzulehnen. Außerdem können wir den inneren Wert nicht mit hoher Sicherheit bestimmen. Er liegt vermutlich bei mindestens 200.000 Dollar, könnte sich jedoch rasch wieder auf eine Million Dollar erhöhen, wenn der Ölpreis auf sein altes Niveau sinkt.
Den zukünftigen inneren Wert schätzen wir voraussichtlich auf 200.000 bis eine Million Dollar. Wir dürfen die Tankstelle aus den folgenden drei Gründen daher heute nicht mit Verlust verkaufen:

1. Der Kauf liegt weniger als zwei bis drei Jahre zurück.

2. Wir können den inneren Wert nicht mit hoher Sicherheit bestimmen.

3. Der angebotene Preis liegt weit unter unserer konservativen Schätzung des gegenwärtigen inneren Werts.

Darüber hinaus sollte eine Aktie nur dann binnen zwei bis drei Jahren nach dem Kauf mit Verlust verkauft werden, wenn die beiden folgenden Bedingungen erfüllt sind:

1. Wir können den gegenwärtigen und zukünftigen inneren Wert in zwei bis drei Jahren mit hoher Gewissheit voraussagen.

2. Der Angebotspreis liegt über dem geschätzten aktuellen oder zukünftigen inneren Wert.

Das menschliche Gehirn hat Millionen Jahre der Evolution durchlaufen, ist auf den Umgang mit den Launen des Aktienmarktes jedoch schlecht vorbereitet. Wenn der Löwe brüllt, rät unser Gehirn uns zur Flucht. Wir verarbeiten die Situation nicht vernünftig, sondern rennen einfach los. Wenn Aktienkurse einbrechen, reagieren wir in etwa so, als hörten wir einen Löwen brüllen. Unser Instinkt drängt uns, die Werte zu verkaufen, schnell zu vergessen, dass wir sie je besessen haben, und davonzulaufen. Das ist einer der Hauptgründe dafür, warum die meisten Anleger schlechter abschneiden als die Börsenindizes. Sie greifen gierig nach Aktien, die gerade steigen, und wollen Papiere loswerden, die stark gefallen sind. Um diese Instinkte auszuschalten und Vernunft walten zu lassen, müssen wir die Regeln für die Durchquerung der Chakravyuh befolgen.

Der Schlüssel zu unserem Erfolg als Anleger liegt darin, Aktien grundsätzlich unter Wert zu kaufen und streng darauf zu achten, dass wir Verluste auf ein absolutes Minimum beschränken. Warren Buffett hat die beiden folgenden goldenen Regeln aufgestellt:

- Regel Nr. 1: Niemals Geld verlieren.
- Regel Nr. 2: Regel Nr. 1 niemals vergessen.[84]

Während sich die Bewertung von Aktiengesellschaften innerhalb weniger Minuten dramatisch ändern kann, nehmen wahre betriebliche Veränderungen Monate, wenn nicht Jahre in Anspruch. Die Tankstelle hat einen beträchtlichen Cashflow-Rückgang erfahren und blickt kurzfristig einer düsteren Zukunft entgegen. Wir müssen jedoch abwarten, bis die Wolken sich verzogen haben. In zwei bis drei Jahren sollten wir einigermaßen klar abschätzen können, ob sich der Ölpreis dauerhaft bei 150 Dollar je Barrel oder mehr bewegen wird, ob der Staat mit Zuschüssen zur Hilfe schreitet, ob das Verbraucherverhalten sich nur vorübergehend oder dauerhaft geändert hat, ob wir unser Geschäftsmodell ändern und neue Produkte oder Dienstleistungen ins Sortiment aufnehmen können etc.

Wenn zwei Jahre ins Land gezogen sind und der Cashflow immer noch bei 20.000 Dollar im Jahr liegt, sollten wir einen Verkauf für 200.000 Dollar oder mehr in Erwägung ziehen, sofern uns eine interessante Investmentalternative für den Erlös bekannt ist. Nach drei Jahren sind wir völlig frei in unserer Entscheidung. An diesem Punkt würde ich zu jedem angemessenen Preis verkaufen, selbst mit hohem Verlust. Die Märkte sind in der Regel effizient und in den meisten Fällen wird ein unbewertetes Papier zum inneren (oder einem höheren) Wert gehandelt werden, wenn die Wolken sich verzogen haben und wir wieder klarer sehen. Das ist nach zwei bis drei Jahren meistens der Fall.

Die 3-Jahre-Regel gibt uns zudem die Möglichkeit, aus einem Engagement auszusteigen, bei dem wir den inneren Wert einfach falsch eingeschätzt haben. Wenn wir bei einer solchen Position ewig darauf hoffen, dass der Kurs den inneren Wert erreicht, warten wir vielleicht bis ans Ende unserer Tage. Warten verursacht jedoch reale Kosten, da uns der Gewinn durch eine Anlage unseres Kapitals in andere Wertpapiere entgeht. Es ist also absolut nicht dasselbe, ob wir einer Aktie ausreichend Zeit lassen, ihren inneren Wert zu erreichen, oder endlos warten.

Warum empfehle ich eine Haltedauer von zwei bis drei Jahren, warum nicht zwei oder drei Monate oder fünf bis sechs Jahre? Ich habe keine handfesten Belege dafür, warum es zwei bis drei Jahre sein sollten. Wir wissen jedoch, dass einige Monate zu kurz sein können. Tief greifende Veränderungen im Unternehmen brauchen ihre Zeit. Wenn ein Firmenchef wichtige Positionen besetzen muss oder bestimmte Märkte verlassen will, braucht er Monate, wenn nicht Jahre, um diese Vorhaben zu verwirklichen. Kehren wir zu unserer Tankstelle zurück, deren Geschäftsmodell zur Zeit durch hohe Ölpreise erschüttert wird. Wir müssen den Wolken Zeit geben, sich aufzulösen oder zumindest zu lichten. Eine Wartezeit von fünf bis zehn Jahren wäre allerdings zu lang, weil sie mit Opportunitätskosten verbunden ist.

Wenn wir zehn Jahre an der Tankstelle festhalten, schließlich unsere eine Million Dollar bekommen und diesen Erlös in eine andere Anlage investieren, die uns über die kommenden zehn Jahre auf Jahresbasis umgerechnet eine Rendite von 12 Prozent einbringt, besitzen wir nach 20 Jahren ein Vermögen von insgesamt 3,1 Millionen Dollar. Wenn wir die Tankstelle stattdessen nach zwei Jahren für 700.000 Dollar verkaufen, diesen Erlös für ein Investment einsetzen, das uns über die nächsten 18 Jahre eine Jahresrendite von 12 Prozent einbringt, dann kommen wir auf fast 5,4 Millionen Dollar. Wenn wir die Tankstelle nach zwei Jahren für irgendeinen Betrag über 400.000 Dollar verkaufen, schneiden wir besser ab, als wenn wir sie zehn Jahre lang halten und dann für eine Million verkaufen. Es ist schwer, die verlorenen Jahre ohne Zinseszinseffekt auszugleichen. Wir müssen Geduld haben, dürfen jedoch nicht endlos warten. Meiner Meinung nach sind zwei bis drei Jahre genau das richtige Maß an Geduld, um Verlustträgern die Chance zu geben, sich zu erholen.

Eines der besten Bücher über Value Investing, das ich in der letzten Zeit gelesen habe, ist *Die Börsen-Zauberformel* von Joel Greenblatt.[85] Ich gehe davon aus, dass die Leser dieses Buches das Werk von Greenblatt schon kennen. Gemäß Greenblatts Zauberformel sollten alle Aktien genau ein Jahr lang gehalten werden. Wenn Sie eine Zauberformel-Aktie erworben haben, dürfen Sie diese also ein Jahr lang nicht verkaufen – ob der Kurs nun steigt oder fällt. In der Regel handelt es sich bei diesen Aktien um sehr preiswerte Papiere. Der Löwe hat also schon gebrüllt und die Aktie ist kräftig gefallen. Die Zauberformel funktioniert, weil das Gebrüll im Laufe eines Jahres meistens ganz oder zumindest weitgehend verklingt und Vernunft die Oberhand gewinnt. Das führt auf das Jahr bezogen in der Regel zu einer überdurchschnittlichen Rendite. Der Zeitraum von einem Jahr ist eine sehr gute Haltedauer. Wenn Sie ein Unternehmen jedoch gut durchleuchtet haben, bevor Sie dessen Aktien kaufen, halte ich einen längeren Zeitraum für durchaus berechtigt. Bei der Zauberformel geht es darum, Aktien zu kaufen, von denen man nichts weiß, und sie ein Jahr lang zu halten. Es erscheint daher nur naheliegend, Wertpapiere von Unternehmen, über die man gut informiert ist, länger im Portfolio zu führen.

Wenn Sie sich im Hinblick auf den inneren Wert eines Unternehmens sehr sicher sind, können Sie auch länger als zwei bis drei Jahre an einem Verlustpapier festhalten. Behalten Sie jedoch stets den Zeitwert des Geldes im Auge. Es ist sehr schwer, verlorene Jahre ohne Zinseszinseffekt auszugleichen. Die »Zwei bis drei Jahre«-Regel schützt uns davor, unserem Fluchtinstinkt zu folgen, wenn der Löwe brüllt. Auf diese Weise hilft sie uns, Panikverkäufe in Zeiten ärgster Schwarzseherei zu vermeiden.

Ein wunderbares Beispiel für einen laut brüllenden Löwen ist meine Achterbahnfahrt mit Universal Stainless & Alloy Products in den letzten vier Jahren.

Abbildung 15.2: Aktienchart Universal Stainless (USAP) (1995–2006)

Copyright 2006 Yahoo! Inc. http://finance.yahoo.com/

Universal Stainless & Alloy Products

Universal Stainless & Alloy Products, Inc. (USAP) wurde 1994 gegründet (siehe Abbildung 15.2). Das Unternehmen hat sich von Anfang an auf die Fertigung von Spezialstahlprodukten spezialisiert, die in Nischenanwendungen in der Stromerzeugung, Luft- und Raumfahrt und der Schwermaschinenproduktion zum Einsatz kommen. Das Unternehmen betreibt drei Fertigungsstätten. Bei allen drei Fabriken handelt es sich um Werke, die unter ihren alten Eigentümern ausgedient hatten und vom Unternehmen für den äußerst geringen Gesamtbetrag von 10 Millionen Dollar erworben wurden. Im Laufe der Jahre hat Universal Stainless weitere 68 Millionen Dollar in die Modernisierung der Fabriken investiert.[86]

Ich wurde auf das Unternehmen aufmerksam, nachdem es seine dritte Fabrik gekauft hatte – in Dunkirk, New York. Alle drei Werke wiesen bei der Übernahme folgende Gemeinsamkeiten auf:

1. Flexible Arbeitsverträge

2. Keine Altlasten (Pensionen, Krankenversicherung) oder umweltrelevanten Verbindlichkeiten

3. Einen Übernahmepreis von null oder fast null

Dunkirk wurde für 4 Millionen Dollar übernommen, umfasste jedoch Vorräte und weitere Aktiva im Wert von 4 Millionen Dollar. Außerdem zahlte Universal Stainless nur eine Million Dollar bar und den Rest in Form einer mit 5 Prozent verzinsten Schuldverschreibung mit einer Laufzeit von zehn Jahren. Das Unternehmen bekam die Fabrik praktisch gratis. Vor dem Kauf von Dunkirk, im Jahr 2001, lag der Gewinn je Aktie von Universal Stainless bei 1,26 Dollar und der (erheblich unterbewertete) Buchwert bei 9,8 Dollar je Aktie. Clarence »Mac« McAninch, CEO von Universal Stainless, war im oberen Management von Armco Steel tätig gewesen, als Armco die Fabrik in Dunkirk baute. Er kannte Dunkirk also in- und auswendig. Die Fabrik hatte einmal 100 Millionen Dollar Umsatz erwirtschaftet und könnte aufgerüstet werden, um 150 Millionen Dollar Umsatz einzubringen. Bei einem Umsatz von 100 bis 150 Millionen Dollar würde der Gewinn je USAP-Aktie (nur mit Dunkirk) wahrscheinlich auf über 1,50 Dollar und möglicherweise auf 2,50 Dollar klettern.

Macs Dhandho-Strategie, ausgediente Stahlwerke zum Schleuderpreis zu übernehmen, erinnerte mich an unseren Helden Lakshmi Mittal. Wie wir in Kapitel 4 (»Das Dhandho-Konzept in der Stahlbranche«) gesehen haben, kaufte auch Mittal marode Fabriken zum Schnäppchenpreis und wurde damit zu einem der reichsten Männer der Welt. Im Erbgut von Mac und Mittal muss es Übereinstimmungen geben. Dieser Dhandho-Ansatz von Mac gab für mich schließlich den Ausschlag, USAP-Aktien zu kaufen.

Nach der Übernahme von Dunkirk war es durchaus möglich, dass Universal Stainless in wenigen Jahren einen Gewinn je Aktie von 2,75 Dollar bis 3,75 Dollar erzielen würde. Selbst ohne überschüssiges Kapital war ein solches Unternehmen wahrscheinlich weit über 30 Dollar je Aktie wert. Wenn Universal Stainless mit Dunkirk einen Umsatz von 150 Millionen Dollar erwirtschaften und Skalenvorteile nutzen könnte, könnte sich der Gewinn je Aktie durchaus der 4-Dollar-Marke annähern und der innere Wert des Unternehmens auf 40 bis 50 Dollar je Aktie steigen. Ich hatte es hier mit einem Unternehmen zu tun, das einige sehr wertvolle Sachanlagen nahezu zum Nulltarif erworben hatte. Universal Stainless kennzeichnete sich durch eine konservative Finanzierung und ein exzellentes Management aus. Außerdem erzielte Spezialstahl im Gegensatz zum Massenprodukt Walzstahl Höchstpreise und wurde nur von einer begrenzten Zahl von Werken hergestellt. Nach der Übernahme von Dunkirk hatte das Unternehmen zudem die Möglichkeit, die Produkte seiner anderen beiden Fabriken in Dunkirk weiterzuverarbeiten. Statt der großen Menge an Halbfertigprodukten, die Universal Stainless vor der Übernahme von Dunkirk geliefert hatte, konnte es dem Markt nun Fertigerzeugnisse zur Verfügung stellen. Das waren die Vorteile.

Wo lag der Nachteil? Es handelte sich immer noch um einen Stahlproduzenten und damit um ein konjunkturabhängiges Unternehmen, das dem Wechselspiel von Angebot und Nachfrage unterworfen war. Außerdem müsste Universal Stainless investieren, um Dunkirk wieder betriebsfähig zu machen, und es würde Verlust machen, bis Dunkirk einen Jahresumsatz von mindestens 25 bis 30 Millionen Dollar erzielte. Der Ertrag von USAP würde in der nahen Zukunft wahrscheinlich zunächst zurückgehen, um später wieder zuzulegen.

Unter Berücksichtigung aller Umstände erschien mir die Wette durchaus lohnenswert. Im April 2002 stieg Pabrai Funds bei Universal Stainless ein. Das erste Aktienpaket kauften wir für 14 bis 15 Dollar je Aktie und investierten 10 Prozent des verwalteten Vermögens in das Unternehmen. Wie sollte ich bei einer so sicheren Sache falschliegen?

Blättern wir im Kalender ein Jahr weiter. Die Aktie wird mit 5 Dollar gehandelt und ist damit gegenüber unserem Kaufpreis um über 60 Prozent gefallen (aua!). Universal Stainless hat auf Jahresbasis umgerechnet rund 2 bis 3 Millionen Dollar verloren. Dieser Verlust ging fast vollständig auf das Konto von Dunkirk, das nur einen Umsatz von 20 Millionen im Jahr erzielte. Der Stromerzeugungsmarkt und die Luft- und Raumfahrtbranche lagen danieder und die anderen Werke von USAP erreichten bei starken Umsatzrückgängen kaum die Gewinnschwelle. Ohne Dunkirk belief sich der Jahresumsatz von Universal Stainless nur auf 40 Millionen Dollar, nachdem er sich im Vorjahr noch bei über 70 Millionen bewegt hatte. Was sollte ich tun: nachkaufen, verkaufen, halten? Der Löwe hatte ohne Zweifel laut gebrüllt.

An diesem Punkt befanden wir uns tief im Inneren der Chakravyuh und der Feind schien zum tödlichen Schlag auszuholen. Um zu überleben (von einem Sieg ganz zu schweigen), mussten wir Ruhe bewahren und den Regeln der Ringdurchquerung folgen.

Gemäß diesen Regeln lag die Antwort auf der Hand. Die gesamte Stahlindustrie steckte in der Krise. Das war kein USAP-spezifisches Problem, sondern ein branchenweiter Abschwung. Der innere Wert des Unternehmens war damals kaum zu ermitteln. Angesichts der Konjunkturabhängigkeit von Universal Stainless bestand durchaus Hoffnung auf Besserung, wenn die Nachfrage wieder anzog. Wir hatten einen erheblichen unrealisierten Verlust, es waren weniger als zwei Jahre vergangen und der innere Wert war schwer zu bestimmen. Das sind klassische Anzeichen dafür, dass man im Herzen der Chakravyuh in einen erbitterten Kampf verwickelt ist. Um überhaupt lebendig aus der Sache herauszukommen, gab es nur einen Weg – nichts tun. Wie pflegte meine Mutter zu sagen? »Die Zeit heilt alle Wunden.«

Blättern wir im Kalender wieder ein Jahr weiter, bis April 2004. Das Papier wird zwischen 10 und 11 Dollar je Aktie gehandelt. Dunkirk erzielte auf das Jahr bezogen einen Umsatz von 27 Millionen Dollar und arbeitete rentabel. Das restliche Unternehmen erwirtschaftete einen Umsatz von durchschnittlich 60 Millionen Dollar im Jahr. Somit war es zwar profitabel, hatte das Niveau von 2001 jedoch noch nicht wieder erreicht. Der Jahresumsatz von Universal Stainless lag bei rund 85 Millionen Dollar und für das nächste Quartal war ein Umsatz von 29 Millionen Dollar prognostiziert worden (mit seinen Prognosen war das Unternehmen bisher immer sehr vorsichtig gewesen). Das ließ auf einen Jahresumsatz von 120 Millionen Dollar schließen – eine beträchtliche Steigerung. Die Zuversicht von Universal Stainless beruhte unter anderem auf dem wachsenden Auftragsbestand. Wieder stellte sich die Frage, was ich tun sollte. Zwei Jahre waren vergangen und wir lagen noch im Minusbereich. Der innere Wert zeichnete sich mittlerweile deutlicher ab und das schnelle Wachstum des Unternehmens deutete darauf hin, dass unsere ursprüngliche Rechnung aufgehen könnte – wenn auch mit erheblicher Verzögerung. Meinen Schätzungen zufolge belief sich der innere Wert auf gut 11 Dollar je Aktie. Anscheinend war der Markt nicht bereit, USAP heute schon für seine bessere Zukunft zu belohnen, und verhielt sich abwartend.

Ein Großteil der Wolken um USAP hatte sich verzogen. Wir saßen immer noch auf einem unrealisierten Verlust, USAP blickte einer rosigen Zukunft entgegen und es widerstrebt mir zutiefst, Kapital verloren zu geben. Regel Nr. 1 und Regel Nr. 2 von Warren Buffett sind es wert, strikt eingehalten zu werden. Ich beschloss also, noch einige Quartale abzuwarten. Immerhin lagen noch zwölf Monate vor uns, um die drei Jahre voll zu machen.

Anfang 2005 kletterte das USAP-Papier auf über 15 Dollar je Aktie. Nach einem harten Kampf, der sich über nahezu drei Jahre hingezogen hatte, befanden wir uns endlich in der Gewinnzone. Jetzt konnten wir uns aus mehreren guten Alternativen eine herausgreifen:

- Mit kleinem Gewinn verkaufen
- Aktien nachkaufen
- Nichts tun

Im Januar 2005 belief sich der Umsatz von USAP auf Jahresbasis umgerechnet auf rund 150 Millionen Dollar, der Gewinn auf rund 10,5 Millionen Dollar. Der Auftragsbestand lag bei etwa 72 Millionen Dollar und hatte damit eine neue Rekordmarke erreicht. Alle Werke liefen bei voller Auslastung und Preiserhöhungen und Aufschläge gab USAP regelmäßig an Kunden weiter, ohne auf großen Widerstand zu stoßen. Dunkirk erzielte auf Jahresbasis umgerechnet einen Umsatz von 42 Millionen Dollar und hatte beste Voraussetzungen, den Umsatz in den kommenden Jahren zu verdoppeln oder zu verdreifachen. Unsere ursprüngliche Investitionsrechnung ging nun endlich auf – nach fast drei Jahren erbitterter Chakravyuh-Kämpfe.

Im Mai 2005 beschloss Universal Stainless, 2,5 Millionen Dollar in den Bau eines sechsten Vakuum-Lichtbogenofens zu investieren. Ich hatte (wenn überhaupt) nur eine vage Vorstellung davon, wozu ein solcher Ofen gut ist. Allerdings erklärte Mac in einer Telefonkonferenz, dass dieser Ofen den Gewinn je Aktie um rund 0,50 Dollar jährlich anheben würde (wow!) und sich somit in weniger als einem Jahr bezahlt machen würde. Wenn ein Unternehmen 2,5 Millionen in eine Anlage investiert und diese Investition schon im ersten Jahr über 3 Millionen Dollar einbringt, brauchen Sie keine Excel-Tabellen, um zu erkennen, wie fantastisch diese Maßnahme wegen der Steigerung des inneren Werts für die Aktionäre ist.

Trotz dieser guten Nachrichten, die in Telefonkonferenzen und Pressemitteilungen verkündet wurden, dümpelte das USAP-Papier 2005 bei Kursen zwischen 10 und 17 Dollar je Aktie. Pabrai Funds kaufte im Jahr 2005 die höchstmögliche Zahl an USAP-Aktien hinzu, wann immer der Kurs nachgab. Ende 2005 hielten wir knapp unter 10 Prozent von USAP. Wir befanden uns nun in einer sehr guten Position, um das Chakravyuh nicht nur unversehrt zu verlassen, sondern den Feind auch erheblich zu dezimieren.

2006 gab Universal Stainless bekannt, dass es einen weiteren Vakuum-Lichtbogenofen bauen würde, der 2007 in Betrieb gehen könnte. Meiner Ansicht nach konnte Mac so viele Öfen bauen, wie er wollte, solange er für volle Auslastung sorgte. Der innere Wert erreichte 2007 trotz der Konjunkturabhängigkeit des Unternehmens einen Betrag von sicher über 35 Dollar je Aktie. Pabrai Funds beschloss, aus der Position auszusteigen, sobald die Aktie auf über 90 Prozent des inneren Werts (31,50 Dollar) stieg und sich mir eine interessante Investitionsgelegenheit für den Verkaufserlös bot. Bei 100 Prozent des inneren Werts würde ich auch dann verkaufen, wenn ich noch keine Verwendung für den Erlös hätte. Schließlich hatten wir einen langen, harten Kampf gefochten.

Im April 2006 erreichte die Aktie zum ersten Mal den Wert von 31,50 Dollar und ich begann mit dem Verkauf unseres großen Bestands. Im Mai kletterte das Papier auf über 35 Dollar und wir verkauften so offensiv wie möglich, ohne mehr als 20 bis 30 Prozent des durchschnittlichen Tagesvolumens dafür zu verwenden oder den Kurs zu beeinflussen. Unsere Trader bei Smith Barney erledigten ihre Aufgabe glänzend, als sie die Aktien verkauften, ohne unsere Identität preiszugeben. Mitte Mai, als die Aktienmärkte weltweit erheblich nachließen, sank der USAP-Kurs von 36 auf 23 Dollar je Aktie. Sobald das Papier unter 31,50 Dollar je Aktie rutschte, stoppte Pabrai Funds den Verkauf. Während ich dies schreibe, haben wir rund 60 Prozent unserer USAP-Beteiligung mit einem Gewinn von durchschnittlich über 100 Prozent veräußert und die restlichen Aktien werden abgestoßen, wenn der Kurs wieder auf mindestens 90 Prozent des konservativ geschätzten inneren Werts von USAP klettert. Einige USAP-Aktien hielten wir rund vier Jahre lang und erzielten mit diesen Werten auf Jahresbasis umgerechnet eine Rendite von circa 19 Prozent. Andere Aktien, die wir nur ein Jahr im Bestand führten, brachten uns einen Gewinn von 100 Prozent ein. Alles in allem war das Engagement kein Spaziergang, hat uns jedoch ein sehr annehmbares Ergebnis beschert.

Ich werde das Unternehmen weiterhin vierteljährlich unter die Lupe nehmen und den inneren Wert korrigieren, wenn signifikante Entwicklungen dies erfordern. Während ich diesen Absatz am 19. Juni 2006 schreibe, wird das USAP-Papier mit 25,65 Dollar je Aktie gehandelt. Der Markt ist besorgt über die sich verschlechternden Rahmendaten für Stahlproduzenten. USAP ist jedoch kein typisches Stahlunternehmen. Es bleibt von großen Branchentrends zwar nicht unberührt, operiert jedoch in einer isolierten Nische. Seine Kunden aus der Luft- und Raumfahrtindustrie und dem Energiesektor erleben einen wahren Boom, was USAP glänzende geschäftliche Perspektiven beschert. Der Auftragsbestand hat Rekordniveau erreicht, die Einstandskosten für Rohstoffe sind in den vergangenen Wochen erheblich gesunken und das Unternehmen hat für Juli 2006 weitere Preiserhöhungen angekündigt. Beide Vakuum-Lichtbogenöfen werden bis Januar 2007 voll in Betrieb sein und für sich betrachtet schon für eine Gewinnsteigerung von einem Dollar je Aktie sorgen.

Ich rechne fest damit, dass der Kurs wieder steigt, wenn Universal Stainless in den kommenden Quartalen Rekordgewinne meldet. Wenn das Papier auf über 90 Prozent des inneren Werts klettert, wird Pabrai Funds den Verkauf seiner Position fortsetzen.

Als die Aktie im Jahr 2003 bei 5 Dollar lag, hoffte Pabrai Funds nur noch darauf, in zwei bis drei Jahren entweder mit einem kleinen Gewinn oder zumindest verlustfrei aus der Position aussteigen zu können. Die Regel, Verlustaktien mindestens zwei bis drei Jahre lang zu halten, verbot uns einen Verkauf zu jenem Zeitpunkt, als USAP sehr schlecht dastand. Nachdem es zunächst so aussah, als hätte Pabrai Funds das falsche Papier zur falschen Zeit gekauft, ist es uns mit den Regeln für die Durchquerung der Chakravyuh gelungen, doch noch eine durchaus akzeptable Rendite auf das eingesetzte Kapital zu erzielen.

Wenn ein Investment sich nach drei Jahren immer noch im Minusbereich bewegt, liegt das fast immer an einer falschen Einschätzung des inneren Werts oder der wesentlichen Werttreiber des Unternehmens. Es kann auch daran liegen, dass der innere Wert im Laufe der Jahre tatsächlich zurückgegangen ist.

Schrecken Sie nicht davor zurück, nach drei Jahren einen Verlust zu realisieren. Diese Verluste werden Ihnen ein hervorragender Lehrmeister sein. Natürlich ist es angenehmer, aus den Fehlern anderer zu lernen, doch am nachhaltigsten lernen wir aus Fehlern, die wir selber machen. Mit der Zeit werden Ihre erfolglosen Chakravyuh-Versuche seltener werden.

Die Chakravyuh verlassen

Wenn Sie die Ringe erst einmal erfolgreich durchquert haben, ist das Verlassen der Spirale ein Kinderspiel. Binnen drei Jahren nach dem Kauf werden sich der innere Wert und der Kurs der Aktie wahrscheinlich angeglichen haben, was zu einer hübschen Jahresrendite führt. Liegt die Lücke zwischen beiden Werten bei unter 10 Prozent, können Sie Ihre Position jederzeit veräußern. Wenn der Marktpreis den inneren Wert überschreitet, müssen Sie verkaufen. Die einzige Ausnahme sind steuerliche Erwägungen. Sie sollten die Position so lange halten, bis Sie steuerbegünstigte langfristige Gewinne realisieren können oder bis der Kurs den inneren Wert in einem solchen Maße übersteigt, dass die zusätzliche Steuerbelastung gedeckt ist.

Wie viele Chakravyuh-Schlachten gleichzeitig schlagen?

Abhimanyu starb bei dem Versuch, eine einzige Chakravyuh zu durchqueren. Auf wie viele Schlachten gleichzeitig sollten wir uns einlassen? Ohne sich auf die Kelly-Formel zu beziehen, hat Warren Buffett mehrfach die Vorteile eines konzentrierten Wertpapierportfolios hervorgehoben:

> *Viele Menschen sind reich geworden, indem sie in ein einziges wunderbares Unternehmen investiert haben. Wenn Sie über ein Unternehmen wirklich Bescheid wissen, brauchen Sie nicht viele verschiedene Investments.*[87]
>
> WARREN BUFFETT

2003 erklärte Buffett:

> *Herausragende Anlagemöglichkeiten sind so selten, dass Sie sie unbedingt beim Schopf packen und einen großen Teil Ihres Kapitals investieren sollten. Wie ich früher schon gesagt habe, müssen Sie sich die Wertpapieranlage als Stechkarte mit 20 Löchern vorstellen. Denken Sie über jedes einzelne Loch sehr sorgfältig nach: 20 (im Leben) sind viel mehr, als Sie brauchen, um als Investor hervorragende Ergebnisse zu erzielen.*[88]
>
> WARREN BUFFETT

Charlie Munger stellte folgende Betrachtung an:

> *Diese Idee (der konzentrierten wertorientierten Vermögensanlage) findet in Fachkreisen keinen Anklang. Investmentmanager befürchten, dass sie damit nicht genug Geld machen. Das Konzept ist ihnen völlig fremd.*[89]
>
> CHARLIE MUNGER

Entsprechend schrecken die meisten Manager von Investmentfonds nicht davor zurück, mehrere neue Schlachten am Tag zu beginnen, mit weit über 100 Chakravyuh-Durchquerungen gleichzeitig. Es überrascht daher wenig, dass über 80 Prozent dieser Fonds dem Index kontinuierlich hinterherhinken. Hierzu merkte Warren Buffett an:

> *Billy Rose pflegte zu sagen: Wenn Sie einen Harem von 70 Frauen besitzen, werden Sie nie eine von ihnen richtig kennenlernen. Der Trick liegt darin, das, was man besitzt, gut zu kennen. Dann wird Ihr Besitz automatisch übersichtlich bleiben.*[90]
>
> WARREN BUFFETT

Das Mantra lautet also stets: wenige Wetten, große Wetten, seltene Wetten. Und über allem steht: »Greifen Sie zu, wenn Sie die Chancen klar auf Ihrer Seite haben.« Die Kelly-Formel bietet eine gute Orientierungshilfe dafür, wie viele Aktien man halten sollte. Ein »Viertel Kelly« scheint mir eine gute Wahl zu sein. Wenn Sie fünf bis zehn verschiedene Value-Aktien in Ihrem Portfolio haben, über die Sie umfassend informiert sind, haben Sie gute Chancen, den Markt hinter sich zu lassen und eine Chakravyuh nach der anderen zu besiegen.

Abhimanyu stand vor einem schwierigen Dilemma. Als mutiger Krieger hatte er keine Wahl, sondern musste in die große Chakravyuh vor ihm eindringen. Er konnte keinen günstigen Zeitpunkt abwarten und ohne Ausstiegsplan war sein Schicksal besiegelt. Wir sind in der komfortablen Position, uns in einer Investoren-Lebensdauer von einigen Jahrzehnten aus über 30.000 Chakravyuhs einige wenige aussuchen zu dürfen. Wenn wir in diese sorgfältig ausgewählten Spiralen eindringen, während der Feind schläft, sind uns eine erfolgreiche Durchquerung und ein großer Gewinn gewiss.

Kapitel 16

Indexstrategie oder keine Indexstrategie, das ist hier die Frage

Umfassende Forschungen und empirische Daten deuten darauf hin, dass die Kopplung an einen Index eine hervorragende Anlagestrategie darstellt.[91] Die aktive Vermögensverwaltung ist mit erheblichen Reibungskosten verbunden. Die betreffenden Institutionen verwalten insgesamt Hunderte Milliarden Dollar und bilden damit quasi den Markt. Aktien mit der Hälfte der gesamten Marktkapitalisierung schneiden schlechter ab als der Markt, die andere Hälfte besser – der Durchschnitt liegt beim Indexergebnis. Dabei haben wir die Reibungskosten jedoch noch nicht berücksichtigt. Wenn Sie diese Kosten in die Rechnung einbeziehen, liegt die überwältigende Mehrheit (üblicherweise über 80 Prozent) der Käufer dieser Papiere unter dem Vergleichsindex. Sinnvoll gestreute Indizes wie der S&P 500 oder Russell 2000 werden die meisten aktiven Vermögensmanager auf lange Sicht outperformen. Das ist ein Investmentgesetz. Solange Reibungskosten anfallen, wird der Löwenanteil des aktiv verwalteten Vermögens schlechtere Renditen abwerfen als die allgemeinen Indizes. Daran wird sich auch in Zukunft nichts ändern.

Einen umfassenden Index zu kaufen stellt für die meisten Anleger eine gute Option dar. Dieses Vorgehen gibt ihnen die Sicherheit, eine bessere Rendite zu erzielen als die meisten anderen Investoren. Wir können jedoch aus zwei Gründen noch besser abschneiden:

1. Es gab immer eine kleine Minderheit von Anlegern und Vermögensverwaltern, die den breiten Markt über einen längeren Zeitraum geschlagen haben. Dabei handelt es sich im Wesentlichen um Dhandho-Investoren. Es lohnt sich, die Methoden dieser Anleger zu untersuchen. Wenn Sie passiv bleiben wollen, ist es in jedem Fall sinnvoll, diese Vermögensverwalter ausfindig zu machen und ihnen Ihr Kapital anzuvertrauen. Ein guter Ausgangspunkt hierfür ist die Überlegung, bei Investmentfonds wie Third Avenue, Longleaf oder Fairholme anzulegen. Alle drei Fonds werden auf der Langstrecke mit sehr großer Wahrscheinlichkeit besser abschneiden als breite Indizes.

2. Wir können von Indizes viel lernen. Wenn Sie einige Indexeigenschaften in Ihr Portfolio einbauen, erzielen Sie wahrscheinlich Resultate, die weit über denen der umfassenden Indizes liegen.

Ich bin ein großer Fan von David Swensen, der die 15 Milliarden Dollar umfassende Yale-Stiftung leitet. Swensen arbeitet nun schon seit 20 Jahren für Yale und hat in diesem Zeitraum eine durchschnittliche Jahresrendite von 16,1 Prozent erwirtschaftet (zum Vergleich: der S&P 500 kommt auf 12,3 Prozent).[92] Swensen befolgt eine sehr ungewöhnliche Anlagepolitik und ließ Yale schon vor 20 Jahren fast vollständig aus verzinslichen Wertpapieren aussteigen, um die Mittel vor allem in Private Equity, Wagniskapital, Hedgefonds und konzentrierte wertorientierte Fonds wie Chieftain zu investieren.

Swensen hatte zum Beispiel beobachtet, dass es zwischen dem besten und schlechtesten Rentenfonds kaum einen Performance-Unterschied gab. Ein Investment bei einem exzellenten Rentenfonds bringt also keinen großen Ertrag. Zwischen den Renditen der Top-Performer und

Verlierer unter Wagniskapitalfonds und Private-Equity-Fonds ging die Schere dagegen weit auseinander.[93] Wer sein Geld bei hervorragenden Wagniskapitalgebern wie Kleiner Perkins oder Sequoia anlegt, streicht eine viel höhere Rendite ein als Anleger von Firmen im unteren Viertel. Swensen nutzte die Marke Yale, um schon frühzeitig in die Besten dieser Fonds einzusteigen. Davon hat Yale sehr profitiert.

Mit großem Interesse habe ich das aktuelle Buch von Swensen gelesen, *Unconventional Success: A Fundamental Approach to Personal Investment.*[94] Das Buch richtet sich an Privatanleger und die zentrale Botschaft von Swensen hat mich sehr überrascht: Investieren Sie konsequent in Indizes. Dabei argumentiert er, dass aktives Vermögensmanagement zwar hübsche Renditen erzeugen könne, jedoch nur für einige wenige herausragende Experten. Für die breite Investorenöffentlichkeit sei diese Anlagepolitik nicht das Richtige. Im Grunde bringt Swensen damit zum Ausdruck: »Tun Sie, was ich sage, nicht das, was ich tue.« Ich bin zwar nicht in jeder Hinsicht anderer Meinung als er, glaube jedoch, dass wir erheblich besser abschneiden können, wenn wir seine Empfehlungen abändern.

Die Börsen-Zauberformel von Joel Greenblatt kam einige Monate nach Swensens Buch heraus. Die Lektüre war ein Genuss und ich kann sie jedem wärmstens empfehlen. Joel Greenblatt zählt zu den besten Value-Investoren unserer Zeit. Dieser bescheidene Mann von Ende 40 hat in den letzten 20 Jahren eine Durchschnittsrendite von 40 Prozent im Jahr erwirtschaftet. Das ist ein äußerst bemerkenswertes Ergebnis. In den ersten zehn Jahren erzielte er mit einer Jahresrendite von durchschnittlich 50 Prozent sogar eine noch bessere Performance. Es ist sehr schwierig, zehn Jahre lang eine solche Rendite auszuweisen, wenn man nahezu ohne Fremdkapital arbeitet. Aus jedem investierten Dollar wurden so in zehn Jahren 57,66 Dollar – *das ist mehr als das 56-Fache des ursprünglichen Investments.* Warren Buffett hat auf Jahreshauptversammlungen von Berkshire Hathaway berichtet, dass er in seinen ersten zehn Jahren als Investor (1950 bis 1960) eine Rendite von durchschnittlich 50 Prozent im Jahr erzeugte. Buffett verwaltete 1950 allerdings nur einige Tausend Dollar und 1960 ein Vermögen im einstelligen Millionenbereich. Greenblatt managte gleich von Anfang an einige Millionen und zehn Jahre später einige Hundert Millionen Dollar. Beide Männer sahen ihre Jahres-Performance mit wachsendem verwaltetem Vermögen zurückgehen. Dennoch haben beide den Markt haushoch geschlagen. Greenblatt, der heute Anlagen im Wert von einer Milliarde Dollar managt, lässt den Markt noch immer clever hinter sich. Auch Buffett mit einem Anlagevermögen von fast 200 Milliarden Dollar erzielt seit über 50 Jahren durchschnittliche Jahresrenditen von über 20 Prozent.

Buffett empfiehlt die Indexstrategie nicht so vorbehaltlos wie Swensen. Er betrachtet das Konzept jedoch als ideal für Anleger, die die mühsame Aufgabe der Wertpapieranalyse nicht auf sich nehmen wollen. Gleichzeitig betont Buffett jedoch, dass intelligente Investoren, die ein fokussiertes Value-Portfolio führen, einen breiten Index wahrscheinlich schlagen werden.

Greenblatt gibt Privatanlegern in seiner »Börsen-Zauberformel« konkrete Empfehlungen mit auf den Weg.[95] Mit diesem Buch und der Einrichtung der kostenlosen Website www.magicformulainvesting.com hat er Privatanlegern einen großen Gefallen getan. Der Tenor seines Buches lautet, dass man mit dem Kauf guter Unternehmen bei günstigen Kursen wahrscheinlich viel bessere Renditen erzielt als mit einem allgemeinen Index. Die Zauberformel von Greenblatt funktioniert auf folgende Weise: Alle US-Aktien, gehen wir einmal von 3000 aus, werden nach der Rendite des eingesetzten Kapitals absteigend sortiert. Einige Werte wie Google erhalten folglich eine niedrige Rangnummer (stehen also oben auf der Liste), während sich einige staatliche Stahlhersteller am Ende der Liste wiederfinden. Greenblatt erstellt dann eine zweite Liste auf der Grundlage des Kurs-Gewinn-Verhältnisses. Die Aktie mit dem niedrigsten Kurs-Gewinn-Verhältnis belegt Platz 1, die mit dem höchsten KGV Platz 3000. Zuletzt addiert Greenblatt diese beiden Rangnummern für jede Aktie und die Firmen mit den niedrigsten Rangsummen sind Zauberformel-Aktien. Ein Unternehmen wie Google belegt für seine Rendite auf das eingesetzte Kapital vielleicht Platz 1, für sein Kurs-Gewinn-Verhältnis vielleicht Platz 3000 – das ergibt eine Gesamtzahl von 3001. Damit ist es unwahrscheinlich, dass Google zu den Zauberformel-Werten zählt.

Auf der Magic-Formula-Website können Sie zwei Variablen eingeben, die Mindestmarktkapitalisierung und die Anzahl Aktien, die Sie genauer betrachten wollen – 25, 50 oder 100. Wenn Sie eine Mindestmarktkapitalisierung von einer Million Dollar und die Zahl 100 eingeben, wird auf der Homepage umgehend eine Liste der 100 Aktien mit der niedrigsten Rangsumme für die beiden oben genannten Kennzahlen erstellt. Greenblatt nimmt einige Anpassungen vor für überschüssiges Kapital etc., sodass Sie keine absoluten Rohdaten erhalten.

Greenblatt schlägt weiter vor, ein Portfolio von rund 25 bis 30 Zauberformel-Aktien anzulegen und alle zwei oder drei Monate fünf bis sieben dieser Aktien zu kaufen. Wenn eine Aktie sich ein Jahr im Bestand befindet, wird sie verkauft und durch einen anderen Wert aus der aktualisierten Zauberformel-Liste ersetzt. Greenblatts Back-Tests haben ergeben, dass diese Papiere durchschnittlich Renditen von 20 bis 30 Prozent im Jahr abgeworfen haben. Damit übertreffen sie den S&P 500 um Längen, ohne dass der Anleger überlegen oder analysieren muss.

Eigentlich ist die Zauberformel ein Index. Aber sie ist die Mutter aller Indizes – sagen wir, der Dhandho-Index. Dieser Index ändert sich viel häufiger als andere Indizes, verhilft dem Anleger jedoch zu besseren Renditen. Wenn Sie über das Jahr verteilt 25 Zauberformel-Werte kaufen, macht sich automatisch ein Cost-Average-Effekt bemerkbar. Und weil die Kauf- und Verkaufsentscheidungen für alle Aktien so mechanisch erfolgen, können Angst und Gier unsere Investmentresultate nicht beeinträchtigen.

Greenblatt nutzt die Zauberformel in seinem eigenen Portfolio als Ausgangspunkt für seine Wertpapieranalyse. Er führt ein sehr konzentriertes Portfolio bei Gotham, in dem fünf Aktien in der Regel über 80 Prozent des Portfoliovermögens ausmachen. Außerdem hält Greenblatt sich nicht sklavisch an die 1-Jahr-Regel. Er verwendet die Formel als Filter und entscheidet sich dann nach sorgfältiger Analyse für den Kauf bestimmter Aktien. Dafür wendet er viel Zeit auf.

Greenblatt und Swensen sind sich einig über die Mängel der aktiven Vermögensverwaltung und schlagen beide als Alternative die Kopplung an einen Index vor. Bei der Greenblatt-Methode liegt der Vorteil darin, dass Anleger Aktien aus demselben Pool kaufen wie Greenblatt auch.

Fassen wir zusammen: Wir könnten den S&P-500-Index oder den Russell-2000-Index kaufen und würden damit besser abschneiden als die große Mehrheit der aktiven Vermögensverwalter. Besser ist es jedoch, diese Indizes mit Cost-Average-Effekt zu erwerben. Und noch besser ist es, die Zauberformel von Greenblatt anzuwenden, ohne Anpassungen oder Änderungen. Dabei empfiehlt es sich allerdings, nur die Werte mit einer Mindestmarktkapitalisierung von einer Million Dollar zu betrachten. Unternehmen mit geringem Börsenwert werden von der Wall Street generell vernachlässigt und die Wahrscheinlichkeit, dass der Kurs erheblich von ihrem inneren Wert abweicht, ist größer. Außerdem lohnt es, sich stärker auf Aktien mit der höchsten Gewinnrendite (dem niedrigsten Kurs-Gewinn-Verhältnis) zu konzentrieren. Die Kombination aus geringem Börsenwert und hoher Gewinnrendite ist in dieser Gruppe sinnvoller als die Auswahl von Werten nach dem Zufallsprinzip.

Für sämtliche Marktkapitalisierungen gibt es in der Regel rund 250 Aktien, die der Zauberformel entsprechen. Diese 250 Papiere machen unser Universum an guten, günstigen Aktien aus. Verglichen mit dem Russell-2000-Index oder dem S&P 500 ist es wie Angeln im vollen Forellenteich, um aus dieser Liste eine Handvoll dicker Fische herauszuholen. Greenblatt zieht nur fünf dieser Fische an Land – nachdem das Wasser abgelassen wurde. Da ist es wirklich schwierig, danebenzugreifen.

Aktien zum Schnäppchenpreis – schlecht versteckt!

Die Zauberformel ist ein guter Teich, um nach günstigen Wertpapieren zu fischen. Wir können es uns folglich leicht machen, ausschließlich Zauberformel-Aktien analysieren und mit der Zeit ein Vermögen aufbauen. Ich kann dieses Konzept nur empfehlen. Es ist einfach, es verhilft Ihnen sicher zum Erfolg und der Ertrag liegt wahrscheinlich weit über den Indexrenditen. Es gibt jedoch noch neun andere Teiche, aus denen wir mit geringem Aufwand dicke Fische herausziehen können.

1. Die Website des Value Investors' Club (VIC) ist allgemein zugänglich und enthält eine Fülle an wertvollen Anlagetipps. Jeder kann unter www.valueinvestorsclub.com Aktienempfehlungen einsehen. Die Website wurde von Joel Greenblatt erstellt. Rund 250 kompetente Value-Investoren posten dort jedes Jahr zwei bis vier ihrer besten Tipps. Greenblatt lobt jede Woche 5000 Dollar für die beste Anlageidee aus. Der Betrieb der Website kostet ihn 260.000 Dollar im Jahr (zuzüglich Wartungskosten) und erzeugt scheinbar keinen Umsatz. Greenblatt selbst hat die Website als »American Idol for Hedge Fund Managers« bezeichnet. Er selbst nutzt sie, um kompetente Vermögensverwalter ausfindig zu machen, stellt ihnen Kapital zur Verfügung und bringt sie ins Geschäft. Allein dieses Vorgehen bringt ihm jährlich Millionen Dollar ein, sodass die Website sich vielfach bezahlt macht. Außerdem verwertet Greenblatt die veröffentlichten Ideen auch selbst. Viele Zauberformel-Aktien werden im VIC bewertet, was Ihre Recherche erleichtern kann. Wenn ein Anleger auf Aktien setzt, die der Zauberformel entsprechen und im VIC empfohlen werden, fährt er damit wahrscheinlich ziemlich gut.

2. Abonnieren Sie *Value Line* (oder lesen Sie das Magazin in der Bücherei). Studieren Sie wöchentlich die »Bottom Lists«. Darin sind Aktien enthalten, die in den vorangehenden 13 Wochen am stärksten an Wert verloren haben, die mit dem größten Abschlag auf den Buchwert gehandelt werden, das niedrigste Kurs-Gewinn-Verhältnis und die höchste Dividendenrendite aufweisen etc. Diese Listen sind eine wunderbare Schatztruhe, in der interessierte Anleger stöbern können.

3. Informieren Sie sich täglich über die 52-Wochen-Tiefs an der New York Stock Exchange (NYSE). Diese werden in vielen Zeitungen veröffentlicht, z. B. im *Wall Street Journal*, und können auch im Internet abgerufen werden. *Barron's* veröffentlicht wöchentlich eine Liste der Aktien, die in der betreffenden Woche ein 52-Wochen-Tief erreicht haben. Von den meisten dieser Werte haben Sie vermutlich noch nie gehört. Die sollten Sie ignorieren. Konzentrieren Sie sich auf vertraute Namen und informieren Sie sich dann näher über Aktien, die Ihr Interesse wecken.

4. Abonnieren Sie *Outstanding Investor Digest* (OID; www.oid.com) und *Value Investor Insight* (www.valueinvestorinsight.com). Beide enthalten detaillierte Interviews mit einigen der besten Vermögensverwalter der USA und interessante Empfehlungen. Hier stoßen Sie sicherlich auf die eine oder andere vielversprechende Anlageidee.

5. Abonnieren Sie *Portfolio Reports*. Das Magazin wird von den Machern von OID veröffentlicht und listet die aktuellen Käufe der besten Value-Investoren Nordamerikas auf. Alternativ können Sie ähnliche Daten auch über Nasdaq.com abrufen. Wenn Sie wissen, dass Southeastern Asset Management (Longleaf Partners) Aktien von Fairfax Financial (FFH) besitzt, können Sie unter Nasdaq.com FFH eingeben und auf »Info Quotes« klicken. Nun öffnet sich ein Bildschirm für FFH. Klicken Sie auf »Holdings/Insiders« und dann auf »Total Numbers of Holders«. Klicken Sie abschließend auf »Southeastern Asset Management« und Sie sehen alle vom Unternehmen gehaltenen Aktien.

6. Eine weitere Website, die kostenlos ist und *Portfolio Reports* teilweise ersetzen kann, ist Guru Focus (www.gurufocus.com). Diese Website verfolgt die Kauf- und Verkaufstransaktionen der führenden Value-Investoren Nordamerikas. Auch diese Seite ist ein wahres Eldorado für Schatzsucher.

7. Eine interessante Schwesterzeitschrift von *Value Investor Insight* ist *Super Investor Insigh*t. Auch sie verfolgt die Abgabe von 13F-Formularen, auf denen institutionelle Anleger der SEC vierteljährlich ihre Wertpapierbestände melden müssen. Ein Abonnement ist durchaus lohnenswert.

8. Abonnieren Sie zumindest die bekannten Wirtschaftsmagazine wie *Fortune, Forbes, Wall Street Journal, Barron´s* und *Business Week.* In jede einzelne Seite dieser Zeitschriften fließen sehr viel Recherche und Kopfarbeit ein und die preisgünstigen Informationen werden übersichtlich präsentiert. Je mehr Sie über die verschiedenen Unternehmen, Menschen und Branchen lesen, desto versierter werden Sie in der Wertpapieranalyse. Das ist der langfristige Nutzen. Kurzfristig werden Sie von der Lektüre profitieren, indem Sie hin und wieder auf bestimmte Aktien aufmerksam werden und schließlich investieren. Mein Interesse an den Aktien von Level 3 wurde beispielsweise durch einen Artikel in *Barron's* geweckt.

9. Nehmen Sie am Value Investing Congress teil (www.valueinvesting-congress.com). Dieser findet zweimal im Jahr statt, in New York City und Hollywood, und lohnt in jedem Fall das Eintrittsgeld. Dort gibt man Ihnen nicht nur gute Angeltipps, sondern bietet Ihnen auch einige Fische zum halben Preis an.

Wenn ein Anleger ein Portfolio mit fünf bis zehn Werten führt und diese ein bis drei Jahre lang hält, braucht er nur alle paar Monate eine gute Anlageidee. Die Zauberformel, der VIC, *Value Line, OID, Value Investor Insight, Portfolio Reports, Super Investor Insight*, Guru Focus und die verschiedenen Wirtschaftsmagazine werden Sie sicherlich auf einige Unternehmen aufmerksam machen, deren Aktien zum Sonderpreis zu haben sind.

Kapitel 17

Arjuna und die Konzentration auf das Ziel:

Anlagetipps von einem großartigen Krieger

Arjuna ist einer der Helden im *Mahabharata*. Vielleicht erinnern Sie sich noch aus Kapitel 15, dass Arjuna der Vater von Abhimanyu und ein hervorragender Krieger und der beste Bogenschütze der Welt war. Junge Prinzen wie Arjuna wurden zu einem Guru geschickt, der sie in den Tiefen des Waldes unterrichtete und auf das Leben vorbereitete. Die Prinzen gingen als Jungen und kehrten als versierte Führer zurück.

Bei diesem Guru handelte es sich meist um einen Philosophen, Gelehrten und erfahrenen Krieger in einer Person. Arjunas Lehrmeister war der legendäre Dronacharya, der beste aller Gurus.

Dronacharya war selbst ein vollendeter Krieger und hatte seine Schüler eingehend in der Kunst des Bogenschießens unterrichtet. Eines Tages beschloss er, ihr Können zu prüfen. In der Mitte eines seichten Teiches stellte er einen hohen Pfahl auf, an dessen Spitze ein bemalter Holzfisch angebracht war. Dronacharya wies seine Schüler an, auf das Spiegelbild des Fisches im Wasser zu schauen und mit dem Bogen das Auge des Fisches auf dem Pfosten zu treffen.

Der erste Schüler erhob sich und stellte sich in Position. Dronacharya fragte ihn, was er sähe. Der Junge antwortete, er sähe die Erde, das Wasser, den Pfahl und den Fisch. Darauf beschied Dronacharya ihm, er sei noch nicht reif, und forderte den Prinzen auf, sich zu setzen. Nun ließ er den nächsten Schüler vortreten. Nachdem dieser die richtige Stellung eingenommen hatte, fragte der Guru ihn, was er sähe. »Das Wasser, den Pfahl und das Spiegelbild des Fisches«, lautete die Antwort. Auch diesem Schüler erklärte Dronacharya, er sei noch nicht reif, und forderte ihn auf, wieder Platz zu nehmen. Der Lehrmeister ließ einen Prinzen nach dem anderen vortreten und fragte sie, was sie sähen, aber keiner schien Dronacharya mit seiner Antwort zufriedenstellen zu können. Schließlich trat Arjuna vor und brachte sich in Position. Dronacharya fragte ihn, was er sähe. Arjuna antwortete, er sähe nur das Innere im Auge des Fisches. Daraufhin forderte Dronacharya ihn auf zu schießen. Arjuna folgte der Anweisung und sein Pfeil traf mitten ins Auge des Fisches.

Nachdem Dronacharya Arjuna gratuliert hatte, teilte er den anderen Schülern mit, dass sie die Vorübung nicht bestanden hätten und daher noch nicht reif gewesen seien für einen Schussversuch. Beim Bogenschießen ist die Konzentration auf das Ziel von höchster Bedeutung. Wenn ein Schütze sich nicht voll und ganz auf das Ziel konzentrieren kann, wird er keinen Erfolg haben. Das war die Lektion, die Dronacharya seinen Schülern an diesem Tag erteilen wollte.

Nun, die Geschichte ist hübsch, aber was hat diese Passage aus dem *Mahabharata* mit einem Dhandho-Investor zu tun?

Betrachten wir für einen Moment die Welt eines Anlegers. An Dutzenden von Börsen rund um den Globus sind weit über 100.000 Aktiengesellschaften notiert. Darüber hinaus können Sie jederzeit Beteiligungen an Hunderttausenden von Privatunternehmen kaufen. Hierzu kommen noch Zehntausende festverzinsliche Wertpapiere, Währungen, Rohstoffe, Immobilien, Kauf- und Verkaufsoptionen, Investmentfonds, Hedgefonds oder Schatzbriefe – diese Liste ließe sich endlos fortsetzen. Die Bandbreite und reine Anzahl von Anlageobjekten ist schier überwältigend.

Der Dhandho-Anleger investiert nur in einfache Unternehmen, die er versteht. Allein durch diese Anforderung werden 99 Prozent aller Investitionsmöglichkeiten ausgeschlossen. Wir informieren uns ausschließlich über einfache, leicht zu durchschauende Unternehmen, beschränken uns dabei auf unser Fachgebiet und ignorieren alle Nebengeräusche. Innerhalb unseres Wissensbereichs lesen wir einschlägige Bücher, Fachzeitschriften, Geschäftsberichte und Ähnliches. Gelegentlich wird uns ein Unternehmen ins Auge springen. Wenn Sie den Eindruck haben, dass die Sache Substanz hat und das Unternehmen unterbewertet ist, sollten Sie den Kandidaten gezielt ins Visier nehmen. An diesem Punkt müssen Sie sich ebenso wie Arjuna hundertprozentig konzentrieren. Achten Sie nur noch auf dieses eine Unternehmen. Schalten Sie alles andere aus – nichts anderes existiert mehr auf unserem Planeten. Prüfen Sie gründlich, ob es sich wirklich um eine außergewöhnliche Anlagegelegenheit handelt. Fragen Sie sich, ob das Geschäft die Voraussetzungen einer Dhandho-Transaktion erfüllt. Oftmals entspricht der Preis des Investments nicht ganz Ihren Vorstellungen oder etwas anderes stört Sie und Sie verwerfen den Deal. In diesem Fall blicken Sie wieder auf das Radarbild in Ihrem Fachbereich. Wenn Ihnen ein Objekt auffällt, konzentrieren Sie sich intensiv darauf, bis ein Investment entweder durch das Raster fällt oder alle Dhandho-Filter passiert. Dann schlagen Sie zu.

Begehen Sie nicht den fatalen Fehler, fünf Firmen gleichzeitig unter die Lupe zu nehmen. Informieren Sie sich umfassend über den Kandidaten, der Ihnen aus welchem Grund auch immer aufgefallen ist, und widmen Sie ihm Ihre ganze Aufmerksamkeit. Erst wenn Sie die Analyse abgeschlossen haben, dürfen Sie wieder den größeren Fachbereich betrachten.

Abschließend möchte ich noch einige persönliche Gedanken mit Ihnen teilen. Am besten lernt man, wenn man unterrichtet, und beim Verfassen dieses Buches habe ich sehr viel gelernt. Ich hätte das Buch wahrscheinlich gar nicht geschrieben, wenn die Leute von John Wiley & Sons mich nicht dazu ermuntert hätten. Für diese Gelegenheit und die wertvolle Erfahrung bin ich sehr dankbar.

Dieses Werk befasst sich ausschließlich damit, wie wir unseren Wohlstand maximieren können. Mein lieber Vater, der 1997 starb, sagte immer, dass wir nackt auf die Welt kommen und diese Welt auch nackt wieder verlassen. Noch nie hat es jemand geschafft, auch nur eine Stecknadel mitzunehmen. Wie mein Vater sagte, müssen wir die Lücke zwischen Geburt und Tod füllen. Lassen Sie mich etwas hinzufügen: Die Maximierung von Reichtum oder materiellem Wohl für sich und seine Familie zum alleinigen Lebensinhalt zu machen, scheint mir kein optimales Lebenskonzept zu sein.

Abraham George stammt aus Kerala in Indien und ich bin stolz, ihn als Freund bezeichnen zu dürfen. Er wanderte vor einigen Jahrzehnten in die USA ein und war als Unternehmer sehr erfolgreich. Vor einigen Jahren verkauft er seine Firma für mehrere Millionen Dollar. George fasste damals den Entschluss, einen Großteil seines Geldes über die George Foundation (www.tgfworld.org) zurückzugeben. Die Stiftung hat in Indien einige beeindruckende Projekte eingeleitet, um den Ärmsten der Armen zu helfen. Ein Mann, der von der George Foundation Hilfe erhalten hatte, fragte George neulich: »Warum helfen Sie mir?« George antwortete kurz und knapp: »Weil ich Sie mag.« Der Mann gab sich mit dieser Antwort nicht zufrieden und hakte nach: »Aber warum helfen Sie uns allen?« George sah, dass der Mann nicht lockerlassen würde und sagte: »Es macht mich glücklich, Ihnen zu helfen.« Ich bin fest davon überzeugt, dass das Glück, dass George bei seiner Stiftungstätigkeit empfindet, wesentlich befriedigender und erfüllender ist als der Besitz teurer Privatjets oder palastartiger Villen. Ich hoffe, dass Sie nach derselben Art von Glück streben, die Abraham George und viele andere Menschen gefunden haben.

Kahlil Gibran lässt uns in seinem Büchlein *The Prophet*[96] an einigen bemerkenswerten Lebensansichten teilhaben. In diesem wunderbaren Buch ist kein einziges Wort überflüssig. Es ist zwar nicht leicht, den hohen Ansprüchen von Gibran gerecht zu werden, doch schon die Kenntnis seiner Wertvorstellungen kann uns zu besseren Menschen machen. Es folgen einige Zeilen, die mich sehr berührt haben:

> *Ihr gebt nur wenig, wenn ihr von eurem Besitz gebt. Erst wenn ihr von euch selbst etwas gebt, gebt ihr wahrhaft. Denn was ist euer Besitz anders als etwas, das ihr bewahrt und bewacht aus Angst, dass ihr es morgen brauchen könntet? … Es gibt jene, die von dem vielen, das sie haben, wenig geben – und sie geben um der Anerkennung willen und ihr verborgener Wunsch verdirbt ihre Gaben.*
> *Und es gibt jene, die geben und keinen Schmerz beim Geben kennen; weder suchen sie Freude dabei noch geben sie um der Tugend willen … Durch ihre Hände spricht Gott und aus ihren Augen lächelt Er auf die Erde.*
> *Ihr sagt oft: »Ich würde geben, aber nur dem, der es verdient.« … Sicher ist der, der würdig ist, seine Tage und Nächte zu erhalten, auch alles anderen von euch würdig. Und der, der verdient hat, vom Meer des Lebens zu trinken, verdient auch, seinen Becher aus eurem Bach zu füllen.*
> *Seht erst zu, dass ihr selber verdient, ein Gebender und ein Werkzeug des Gebens zu sein. Denn in Wahrheit ist es das Leben, das dem Leben gibt – während ihr, die ihr euch als Gebende fühlt, nichts anderes seid als Zeugen.*[97]
>
> KAHLIL GIBRAN

Ich rate Ihnen, die Dhandho-Techniken geschickt anzuwenden und Ihren Wohlstand zu mehren. Und ich hoffe, dass Sie beizeiten etwas von Ihrer Zeit und Ihrem Dhandho-Geld geben, um unsere Welt ein wenig zu verbessern. Wir können die Welt nicht grundlegend verändern, aber wir können Sie für einen Menschen, zehn Menschen, hundert Menschen und vielleicht sogar einige Tausend Menschen lebenswerter machen.

Anmerkungen

1 Govind B. Bhakta: *A Gujarati Community History in the United States*, UCLA Asian American Studies Center, 2002.

2 Ebd.

3 Richard Branson: *Losing My Virginity: How I've Survived, Had Fun, and Made a Fortune Doing Business My Way* (New York: Three Rivers Press, 1999).

4 Ebd.

5 Ebd.

6 »For the Beat in Your Life: Virgin Launches Premium Brand of ›Personal Electronics‹«, Presseerklärung von The Virgin Group, 15. Oktober 2003.

7 Homepage von Virgin One Account, www.oneaccount.com (Stand vom 20. Juli 2006).

8 Richard Branson: *Screw It, Let's Do It* (London: Virgin Books, 2006), S. 12–22.

9 Necker Island Rate Card, http://www.virgin.com/subsites/necker/Necker_Rates_05-08.pdf (Stand vom 20. Juli 2006).

10 Luisa Kroll und Lea Goldman: »The World's Billionaires«, *Forbes*, 10. März 2005, S. 125.

11 Charles Paul Lewis: *How the East Was Won: The Impact of Multinational Companies on Eastern Europe and the Former Soviet Union* (London: Palgrave McMillian, 2005).

12 *The Turnaround of Ispat Karmet*, Fallstudie des Institute of Chartered Financial Analysts of India, Center for Management Research, 2005.

13 Whitney Tilson: »The Perfect Business«, 24. November 2004, The Motley Fool, http://www.fool.co.uk/stockideas/2004/si041124htm. (Stand vom 11. April 2006).

14 Warren Buffett, »1974 Letter to Shareholders of Berkshire Hathaway«, Berkshire Hathaway Annual Report (1974).

15 Patricia Sellers, »Eddie Lambert: The Best Investor of His Generation«, *Fortune*, 6. Februar 2006.

16 »The Motley Fool Take«, 10. März 2003, The Motley Fool, http://www.fool.com/news/take/2003/take030310.htm (Stand vom 12. April 2006).

17 Warren Buffett und Carol Loomis, »Mr. Buffett on the Stock Market«, *Fortune*, 22. November 1999.

18 Vortrag von Warren Buffett an der School of Business der University of Florida, 15. Oktober 1998.
19 Peter D. Kaufman, Hrsg., *Poor Charlie's Almanack* (Virginia Beach, VA: Donning Company Publishers, 2005), S. 52.
20 Peter D. Kaufman, Hrsg., *Poor Charlie's Almanack* (Virginia Beach, VA: Donning Company Publishers, 2005), S. 54.
21 John C. Coffee Jr., Louis Lowenstein und Susan Ackerman, Hrsg., *Knights, Raiders and Targets* (New York: Oxford University Press, 1988), S. 11–27.
22 Benjamin Graham: *The Intelligent Investor* (New York: HarperCollins, 1986/1973).
23 Ebd.
24 Website der NYSE www.nyse.com/about/history (Stand vom 23. Mai 2006).
25 Peter D. Kaufman, Hrsg., *Poor Charlie's Almanack* (Virginia Beach, VA: Donning Company Publishers, 2005), S. 182.
26 John Burr Williams: *The Theory of Investment Value* (Flint Hill, Virginia: Fraser Publishing, 1997/1938).
27 Terence P. Mare, »Yes, You Can Beat the Market« *Fortune*, 3. April 1995 (spätere Änderung durch Schreiben Buffetts an den Autor).
28 L. J., Davis, »Buffett Takes Stock«, *New York Times Magazine*, 1. April 1990.
29 Linda Grant, »The $4-Billion Regular Guy«, *Los Angeles Times Magazine*, 7. April 1991.
30 Berkshire Hathaway Annual Meeting, Omaha, NE, 6. Mai 1996.
31 Warren Buffett, »1988 Letter to Shareholders of Berkshire Hathaway«, *Letters to Shareholders of Berkshire Hathaway 1977–2005*, veröffentlicht auf der Website www.berkshirehathaway.com und in gebundener Form gegen Übersendung eines Schecks in Höhe von 35 Dollar an 3555 Farnam St., Suite 1440, Omaha, NE 68131, erhältlich. Die drei Bände umfassende Ausgabe enthält auch einige Schreiben von Charlie Munger an die Wesco-Aktionäre.
32 Ebd.
33 Benjamin Graham: *Intelligent Investieren* (München: FinanzBuch Verlag, 2020).
34 Peter D. Kaufman, Hrsg., *Poor Charlie's Almanack* (Virginia Beach, VA: Donning Company Publishers, 2005), S. 59.
35 Arie de Geus und Peter M. Senge: *The Living Company* (Boston: Harvard Business School Press, 1997).
36 William Poundstone: *Die Formel des Glücks. Wie die Mathematik über Las Vegas und die Wall Street triumphierte* (Kulmbach: Börsenmedien AG, 2007).
37 William Poundstone: *Die Formel des Glücks. Wie die Mathematik über Las Vegas und die Wall Street triumphierte* (Kulmbach: Börsenmedien AG, 2007).
38 Peter D. Kaufman, Hrsg., *Poor Charlie's Almanack* (Virginia Beach, VA: Donning Company Publishers, 2005), S. 184.
39 Edward O. Thorp: *Beat the Dealer: A Winning Strategy for the Game of Twenty-One* (New York: Vintage, 1966).
40 Ebd.

41 William Poundstone: *Die Formel des Glücks. Wie die Mathematik über Las Vegas und die Wall Street triumphierte* (Kulmbach: Börsenmedien AG, 2007).
42 Chris Leither, *Ludwig von Mises, Meet Benjamin Graham: Value Investing from an Austrian Point of View*, Austrian Economics and Financial Markets Conference, Venetian Hotel Resort Casino, Las Vegas, NV, 18.–19. Februar 2005; im Internet veröffentlicht unter http://mises.org/journals/scholar/Leithner.pdf (Stand 18. November 2006).
43 Warren Buffet: *Letters to Partners of the Buffett Partnerships*, 1956–1970, Briefe 1963, 1964.
44 Roger E. Lowenstein: *Buffett: The Making of an American Capitalist* (New York: Random House, 1997).
45 Warren Buffet: *Letters to Partners of the Buffett Partnerships*, 1956–1970, Briefe 1964–1967.
46 Ebd.
47 Cisiova Incorporated, www.cisiova.com/betsizing.asp, 2004.
48 Edward O. Thorp: »The Kelly Criterion in Blackjack, Sports Betting, and the Stock Market«, Der Artikel wurde bei der 10th Annual Conference on Gambling and Risk Taking, Montreal, im Juni 1997 vorgestellt und im Mai 1998 in einer neuen Fassung veröffentlicht. Verfügbar unter www.bjmath.com/bjmath/thorp/paper.htm.
49 Michael Mauboussin, »Mauboussin on Strategy: Size Matters«, Legg Mason Capital Management, 1. Februar 2006, www.leggmason.com/funds/knowledge/mauboussin/Mauboussin_on_Strategy_020106.pdf.
50 John C. Bogle: *Common Sense on Mutual Funds* (New York: Jon Wiley & Sons, 1999).
51 Amar V. Bhide: *The Origin and Evolution of New Businesses* (Oxford: Oxford University Press, 2000).
52 Firmenwebsite von CompuLink, www.compulink-usa.com (Stand vom 25. Mai 2006).
53 Jahresversammlung von Berkshire Hathaway, Omaha, NE, 1. Mai 2000.
54 Warren Buffett, Juli 1999 bei der Jahreskonferenz/Klausur von Allen & Co in Sun Valley, ID.
55 Benjamin Graham: *The Intelligent Investor* (New York: HarperCollins, 1986/1973).
56 Luisa Kroll und Lea Goldman, »The World's Billionaires«, *Forbes*, 10. März 2005.
57 Warren Buffett: »1985 Letter to Shareholders of Berkshire Hathaway«, *Letters to Shareholders of Berkshire Hathaway 1977–2005*, veröffentlicht auf der Website www.berkshirehathaway.com und in gebundener Form gegen Übersendung eines Schecks in Höhe von 35 Dollar an 3555 Farnam St., Suite 1440, Omaha, NE 68131, erhältlich. Die Ausgabe in drei Bänden enthält auch einige Schreiben von Charlie Munger an die Wesco-Aktionäre.
58 Ebd.
59 Peter D. Kaufman, Hrsg., *Poor Charlie's Almanack* (Virginia Beach, VA, Donning Company Publishers, 2005), S. 89.

60 Website von Stewart Enterprises und SEC-Dokumente, www.stewartenterprises.com und www.sec.gov (Stand vom 12. Juni 2006).
61 Homepage von Level 3, www.level3.com (Stand vom 13. Juni 2006).
62 Jonathan R. Laing, »Level 3's Next Stop«, *Barron's*, 16. Juli 2001, S. 15.
63 Homepage von Level 3, www.level3.com (Stand vom 13. Juni 2006).
64 Value Line Investment Survey, Part 1, Summary & Index (New York: Value Line Publishing, Berichte aus dem 4. Quartal 2001).
65 Website von Knightsbridge Tankers Limited, www.knightsbridgetankers.com (Stand vom 20. Juni 2006).
66 Purnima Mudnal, »Newport's Tasadia Goes from Motels to Hotels«, *Orange County Business Journal*, 12.–18. September 2005, S. 1, S. 85–86.
67 Unternehmensgeschichte von McDonald's, www.mcdonalds.com.
68 Jan Uebelherr, »Burgers from the Ground Up«, *Journal Sentinel* (Wisconsin), 7. Mai 1999.
69 Chuck Martin, »Sandwich History«, *Cincinnati Enquirer*, 24. März 2004.
70 Unternehmensgeschichte von McDonald's, www.mcdonalds.com.
71 Bonnie Cavanaugh, »GA Enterprises Inc.: Egg McMuffin Creator Is a McD's Franchisee Committed to His Employees«, *Nation's Restaurant News*, Januar 1998.
72 Unternehmensgeschichte von McDonald's, www.mcdonalds.com.
73 Amy Zuber, »McD Aims ›Mighty Kids‹ Meal at Preteens, Combats BK Initiative«, *Nation's Restaurant News*, 2. April 2001.
74 John F. Love: Behind the Arches (New York: Bantam Books, 1986).
75 Pamela Blamey, »McDonald's Flips Away Three Low-Fat Items«, *Supermarket News*, Februar 1996.
76 John Schmeltzer, »McDonald's Chickens Out«, *Chicago Tribune*, Business Section, 12. Juli 2006.
77 Paul Carroll: *Big Blues: The Unmaking of IBM* (New York: Crown Books, 1993).
78 Stephen Manes und Paul Andrews: *Gates: How Microsoft's Mogul Reinvented an Industry and Made Himself the Richest Man in America* (New York: Doubleday, 1993).
79 James Wallace und Jim Erickson: Hard Drive: *Bill Gates and the Making of the Microsoft Empire* (New York: HarperCollins, 1992).
80 Pascal G. Zachary: *Showstopper! The Breakneck Race to Create Windows NT and the Next Generation at Microsoft* (New York: Free Press, 1994).
81 *The Berkshire Hathaway Onwers' Manual*, Jahresbericht 2005 von Berkshire Hathaway.
82 Joel Greenblatt: *Die Börsen-Zauberformel* (Kulmbach: Börsenmedien AG, 2006).
83 C. Rajagopalachari: *Mahabharata*, 36. Auflage (Indien: Auromere, 1999).
84 Simon Reynolds: *Thoughts of Chairman Buffett* (New York: Harper Collins 1998).
85 Joel Greenblatt: *Die Börsen-Zauberformel* (Kulmbach: Börsenmedien AG, 2006).
86 Website von Universal Stainless & Alloy Products, www.univstainless.com (Stand vom 22. Juli 2006).
87 Jahreshauptversammlung von Berkshire Hathaway, Omaha, NE, 6. Mai 1996.

88 Jahreshauptversammlung von Berkshire Hathaway, Omaha, NE, 3. Mai 2003.
89 Ebd.
90 Warren Buffett, »1985 Letter to Shareholders of Berkshire Hathaway«, *Letters to Shareholders of Berkshire Hathaway 1984*, veröffentlicht auf der Website unter www.berkshirehathaway.com.
91 John C. Bogle; *Common Sense on Mutual Funds* (New York: John Wiley & Sons, 1999).
92 Marcia Vickers, »The Money Games«, *Fortune*, 3. Oktober 2005.
93 David F. Swensen: *Unconventional Success: A Fundamental Approach to Personal Investment* (New York: Free Press, 2005).
94 Ebd.
95 Joel Greenblatt: *Die Börsen-Zauberformel* (Kulmbach: Börsenmedien AG, 2006).
96 Kahlil Gibran: *The Prophet* (New York: Alfred A. Knopf, 1923).
97 Kahlil Gibran: *The Prophet* (New York: Alfred A. Knopf, 1923), S. 19–22.